COMMENT VOIR
ET INTERPRÉTER
L'AURA

Données de catalogage avant publication (Canada)

Andrews, Ted

    Comment voir et interpréter l'aura

    Traduction de: How to see and read the aura

    1. Aura. 2. Couleur – Aspect psychique. I. Titre.

BF1389.A8A5514 1997 133.8'92 C97-940753-2

Illustrations: Christopher Wells

DISTRIBUTEURS EXCLUSIFS:

* Pour le Canada et les États-Unis:
  MESSAGERIES ADP*
  955, rue Amherst
  Montréal, Québec
  H2L 3K4
  Tél.: (514) 523-1182
  Téléc.: (514) 939-0406
  * Filiale de Sogides ltée

* Pour la Belgique et
  le Luxembourg:
  PRESSES DE BELGIQUE S.A.
  Boulevard de l'Europe, 117
  B-1301 Wavre
  Tél.:(010) 42-03-20
  Téléc.: (010) 41-20-24

* Pour la Suisse:
  TRANSAT S.A.
  Route des Jeunes, 4 Ter
  C.P. 125
  1211 Genève 26
  Tél.: (41-22) 342-77-40
  Téléc.: (41-22) 343-46-46

* Pour la France et les autres pays:
  INTER FORUM
  Immeuble Paryseine, 3, Allée de la Seine,
  94854 Ivry cedex
  Tél.: 01 49 59 11 89/91
  Téléc.: 01 49 59 11 96
  Commandes: Tél.: 02 38 32 71 00
              Téléc.: 02 38 32 71 28

L'ouvrage original américain a été publié par Llewellyn Publications,
une division de Llewellyn Worldwide, Ltd.,
sous le titre *How to See and Read the Aura*

Dépôt légal: 3e trimestre 1997
Bibliothèque nationale du Québec

ISBN 2-7619-1390-6

TED ANDREWS

COMMENT VOIR
ET INTERPRÉTER
L'AURA

*Traduit de l'américain
par Normand Paiement*

 LES ÉDITIONS DE
L'HOMME

AVANT-PROPOS

«Comment vais-je m'y prendre?» Voilà la seule question qu'il importe de se poser lorsqu'on a décidé d'aller de l'avant avec un projet, quel qu'il soit.

Notre esprit est doté de pouvoirs étonnants — beaucoup plus étendus que vous ne l'imaginez — dont le genre humain commence à peine à soupçonner l'existence. Mais c'est en forgeant qu'on devient forgeron. Aussi, avec un peu de pratique, vous serez bientôt en mesure d'accomplir des choses extraordinaires, qui vous permettront de découvrir par vous-même les immenses capacités de votre cerveau. Car plus vous éveillerez vos facultés endormies en effectuant les exercices appropriés, plus vous prendrez conscience de l'existence de vos propres pouvoirs psychiques.

En apprenant à voir et à interpréter l'aura, vous permettrez à la force vitale qui sommeille en chacun de nous de se déployer entièrement. Car nous sommes nés pour croître et nous épanouir. Refuser de le faire, c'est renoncer à la vie, à l'amour, à la beauté et au bonheur qui constituent la raison d'être de la création.

Apprendre à s'éveiller, c'est ouvrir une fenêtre sur le domaine surnaturel. Si vous mettez en pratique les enseignements qui suivent, vous progresserez avec assurance en terrain inexploré tout en constatant qu'il est possible d'influencer et de transformer peu à peu votre environnement immédiat.

En dépit de leur apparente simplicité et de leur facilité d'exécution, les exercices contenus dans ce livre vous seront d'un secours inestimable tout au long de votre cheminement. Suivez les instructions qu'il renferme pas à pas et elles vous mèneront au seuil d'une aventure fascinante. Non seulement vous serez bientôt maître de votre univers, mais vous vivrez alors pleinement dans le monde merveilleux de la spiritualité.

CHAPITRE PREMIER

••••••••••••••••••••••••

QU'EST-CE QUE L'AURA?

Nous sommes tous entourés d'un champ d'énergie magnétique et tous nous avons un jour ou l'autre vu cette «aura» émaner des autres, ou en avons du moins ressenti les effets. Malheureusement, la plupart des gens ne prêtent guère attention à ce genre d'expérience, ou ils l'interprètent mal.

Tous les mystiques de la terre attestent qu'ils observent un halo lumineux autour de la tête des gens, mais il n'est pas nécessaire d'être un illuminé pour voir l'aura. Tout un chacun peut y arriver, car il n'y a rien de mystérieux là-dedans. Il suffit de demeurer attentif aux expériences que vous ferez bientôt et de ne pas les rejeter d'emblée. Si vous faites preuve d'ouverture d'esprit et de persévérance tout en consacrant un peu de temps à vous entraîner, vous parviendrez avant longtemps à détecter l'aura. En fait, si vous pouvez répondre par l'affirmative à au moins une des questions du test qui se trouve à la page 11, c'est que le champ d'énergie qui entoure les êtres et les choses ne vous est pas totalement inconnu.

Les enfants détectent facilement l'aura, eux. Il n'est d'ailleurs pas rare que leurs observations se retrouvent sur leurs dessins, ce qui explique pourquoi les couleurs qu'ils utilisent pour tracer le contour de leurs personnages semblent parfois insolites. En réalité, elles représentent les énergies subtiles qui enveloppent tous les êtres.

Trop souvent, les parents étonnés se mettent aussitôt à interroger leur progéniture: «Mais pourquoi as-tu peint le ciel violet tout autour de maman?», «Pourquoi le chat est-il vert et rose?» ou «Pourquoi as-tu dessiné ton frère en bleu?». Or, ces couleurs n'ont rien à voir avec la réalité physique. Ayant aperçu l'aura des êtres en question, le bambin a tout simplement voulu en illustrer les diverses teintes à l'aide de ses crayons. Hélas! les réflexions des adultes ont généralement pour effet de réprimer cette sensibilité juvénile...

Il existe de nombreuses définitions de l'aura, mais celle-ci n'est en somme rien d'autre que le champ électromagnétique entourant toute chose. Il en résulte que tout ce qui possède une structure atomique est doté d'une aura. Or, toute matière est composée d'atomes, eux-mêmes constitués d'électrons et de protons en perpétuel mouvement qui consistent en des vibrations d'ordre électromagnétique. Les atomes entrant dans la composition de la matière vivante ont des niveaux vibratoires plus élevés et une plus grande activité que les atomes formant la matière inerte. Il est par conséquent plus facile de détecter le champ d'énergie des animaux et des êtres humains, ou des plantes et des arbres, que celui des objets inanimés.

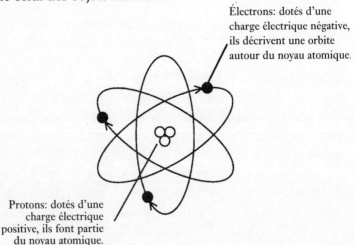

Électrons: dotés d'une charge électrique négative, ils décrivent une orbite autour du noyau atomique.

Protons: dotés d'une charge électrique positive, ils font partie du noyau atomique.

L'ÉNERGIE VIBRATOIRE DE L'ATOME

AVEZ-VOUS DÉJÀ FAIT L'EXPÉRIENCE
DU CHAMP D'ÉNERGIE DE L'AURA?

(Si vous répondez «oui» à l'une ou l'autre des questions suivantes, c'est qu'il vous est déjà arrivé de percevoir les effets engendrés par le champ d'énergie d'une autre personne sur votre propre aura.)

1. Avez-vous l'impression, lorsque vous êtes en présence de certains individus, que ceux-ci accaparent toutes vos énergies?

2. Vous arrive-t-il d'associer certaines couleurs à certaines personnes? (Exemple: «Quand je te vois, je ne peux m'empêcher de penser à la couleur jaune.»)

3. Vous est-il déjà arrivé de soupçonner qu'on vous observait à votre insu?

4. Avez-vous déjà éprouvé spontanément de la sympathie ou de l'antipathie pour certaines personnes?

5. Vous est-il arrivé de percer à jour une personne qui tentait de dissimuler ses sentiments?

6. Avez-vous jamais décelé la présence de quelqu'un avant même qu'il se manifeste?

7. Certaines couleurs, certaines odeurs ou certains sons vous semblent-ils plus particulièrement agréables ou désagréables que d'autres?

8. Le tonnerre et les orages électriques ont-ils pour effet de vous rendre inquiet et nerveux?

9. Certaines personnes vous stimulent-elles ou vous enthousiasment-elles davantage que d'autres?

10. Vous êtes-vous jamais senti irrité, tendu ou nerveux en pénétrant dans une pièce? Certaines pièces vous donnent-elles envie de vous y attarder? de vous en aller?

11. Vous est-il déjà arrivé d'écarter du revers de la main la première impression qu'une personne vous avait faite, pour voir par la suite votre intuition confirmée par les événements?

12. Certaines pièces vous procurent-elles plus de confort et d'agrément que d'autres? Sentez-vous une dif-

férence lorsque vous passez de l'une à l'autre? Avez-vous remarqué que la chambre de votre frère ou de votre sœur vous laisse sur une impression différente de la vôtre? En est-il de même de celle de vos parents ou de vos enfants?

L'aura humaine n'est rien d'autre que le champ d'énergie qui entoure le corps physique. Elle vous enveloppe de tous les côtés à la fois car elle est tridimensionnelle. Chez une personne en bonne santé, elle a une forme ovale ou elliptique (voir illustration à la page 13). L'aura d'un individu normal s'étend sur deux ou trois mètres autour de son corps. Certains prétendent toutefois que l'aura des grands maîtres anciens pouvait se déployer sur plusieurs kilomètres. Cela expliquerait pourquoi ils attiraient un si grand nombre de disciples dans leur sillage. Notons au passage que la tradition populaire affublait ces grands initiés d'un halo ou d'une auréole, la partie de l'aura la plus facile à distinguer pour la plupart des gens.

Même s'il est de nos jours impossible de vérifier l'étendue et la puissance de l'aura des maîtres anciens, il n'en demeure pas moins que plus vous serez en bonne santé sur les plans physique et mental, plus votre énergie vibratoire sera élevée et plus votre aura se développera. En outre, plus forte sera l'intensité de votre champ d'énergie et plus vous aurez la vitalité nécessaire pour accomplir vos devoirs et réaliser vos projets. Enfin, plus votre aura sera puissante, moins vous serez sensible aux influences extérieures.

Lorsque la puissance de votre champ d'énergie diminue, vous courez en effet le risque d'être affecté par les événements. Ainsi, vous pourriez vous épuiser plus facilement ou devenir plus aisément influençable. Une aura affaiblie peut avoir comme cause ou comme conséquence un sentiment d'échec, des problèmes de santé ou un manque d'efficacité sur tous les plans. Comme vous le découvrirez bientôt, il faut apprendre à gérer ses énergies avant d'espérer maîtriser son environnement. Nous vous expliquerons au dernier

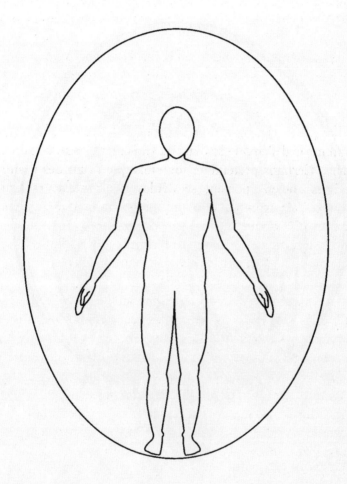

L'AURA HUMAINE

Un champ d'énergie tridimensionnel enveloppe en permanence le corps tout entier. Chez une personne en bonne santé, il est de forme ovale. L'aspect, l'étendue et les couleurs de l'aura de même que leur éclat en disent long sur votre santé physique et mentale, ainsi que sur vos émotions et votre évolution spirituelle.

13

LE HALO

Les artistes ont souvent dépeint les saints, les mystiques et les maîtres anciens avec la tête ainsi auréolée. Le halo constitue la partie de l'aura la plus facile à distinguer. Plus vous serez en bonne santé et plus vous mènerez une vie tournée vers la spiritualité, plus les radiations lumineuses entourant votre corps seront fortes. L'auréole est souvent considérée comme un signe d'illumination.

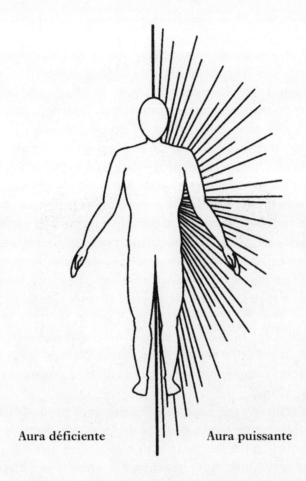

Aura déficiente   Aura puissante

Lorsque votre champ d'énergie émet de fortes radiations, c'est un signe de bonne santé. Par ailleurs, plus votre aura sera puissante, moins vous serez sensible aux influences extérieures.

Facteurs contribuant à l'affaiblissement de l'aura:

1. Une mauvaise alimentation
2. Le manque d'exercice
3. L'absence d'air pur
4. Le manque de repos
5. Le stress
6. L'alcool
7. Les drogues (incluant médicaments et stupéfiants)
8. Le tabac
9. Les mauvaises habitudes
10. Le manque d'exercices spirituels

chapitre comment renforcer votre aura et en accroître l'étendue à votre guise.

L'aura humaine possède une double nature, dont l'une renferme les corps subtils mentionnés par la tradition ésotérique (voir illustration à la page 18). Ces corps subtils correspondent aux bandes lumineuses, d'intensité variable, qui entourent et imprègnent le corps physique. Ils ont comme fonction principale de coordonner et de guider les actions de l'âme au cours de la vie physique, mais nous n'allons pas nous étendre plus avant sur ce sujet. Qu'il suffise de préciser, pour les fins du présent ouvrage, que ces corps subtils font partie du champ d'énergie intégral de l'aura.

Nous allons plutôt concentrer notre attention sur les énergies émanant du corps physique. Nous avons le privilège de vivre à une époque où, grâce à la science et à la technologie modernes, il est désormais possible de mesurer le champ d'énergie de toutes les formes de vie, et en particulier celui du corps humain. La science nous apprend que notre corps est en effet constitué de divers champs d'énergie: électrique, magnétique, sonore, calorique, lumineux et électromagnétique.

Certains de ces champs d'énergie sont produits par le corps lui-même, tandis que les autres proviennent de son environnement extérieur et sont transformés par lui. Il en résulte une interaction permanente entre ces différents champs de force. Nous reviendrons sur le mécanisme de ces échanges avant la fin de ce chapitre, mais précisons dès à présent qu'ils prennent la forme d'une osmose naturelle entre vos énergies et celles qui se trouvent dans votre environnement. Cela signifie concrètement que vous absorbez les énergies des fleurs, des plantes, des arbres et des animaux aussi bien que celles de la terre elle-même.

La signification des totems qu'on retrouve dans la tradition amérindienne et dans d'autres civilisations réside en grande partie dans le fait qu'ils permettaient d'accroître le niveau d'énergie de tout individu qui fusionnait son énergie avec celle des animaux représentés par le totem. Meilleure était cette syntonisation et plus l'individu acquérait de force intérieure. Comme nous le verrons au chapitre 4, où vous apprendrez à mesurer l'aura, celle-ci gagne en étendue et en puissance chaque fois que vous êtes directement en contact avec la terre ou avec la nature. Ne manquez pas de mesurer votre aura quand vous serez à l'extérieur. Selon que vous serez pieds nus ou non, vous devriez noter un changement appréciable de ses dimensions.

Le corps absorbe et transforme facilement les énergies de la nature. Un moyen courant d'aider quelqu'un à guérir et à se rétablir consistait autrefois à l'envoyer en convalescence au bord de la mer. On retrouve dans un tel environnement les quatre éléments fondamentaux nécessaires à la vie: le feu ardent du soleil, l'air apporté par la brise marine, l'eau de l'océan lui-même et, bien évidemment, la terre. Ils procurent au corps des énergies bienfaisantes qui renforcent son système énergétique sur tous les plans, physique ou autres. Le fait d'être en relation étroite avec ces quatre éléments contribue à rééquilibrer l'individu.

Mais l'aura ne se nourrit pas uniquement des énergies qu'elle puise dans la nature. En effet, il existe également une interaction subtile entre le corps et les énergies cosmiques. Ainsi, les influences astrales couramment décrites par les astrologues sont aussi absorbées par le corps et transformées en différentes formes d'énergie, même s'il se peut que certaines personnes soient plus sensibles que d'autres aux mouvements planétaires. N'oubliez pas que chacun possède un système énergétique qui lui est propre et que les interactions de ce dernier avec son environnement varient d'une personne à l'autre. Avec un peu d'attention et d'auto-observation vous devriez néanmoins être en mesure de mieux percevoir ces diverses influences et d'en tirer pleinement parti.

Il vous faudra pour cela découvrir la nature des interactions qui se produisent entre votre aura et votre environnement, y compris votre entourage, tout comme vous devrez apprendre à connaître les points forts et les points

Votre véritable nature spirituelle.

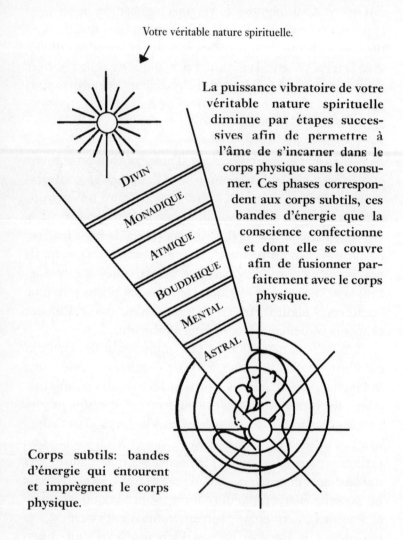

La puissance vibratoire de votre véritable nature spirituelle diminue par étapes successives afin de permettre à l'âme de s'incarner dans le corps physique sans le consumer. Ces phases correspondent aux corps subtils, ces bandes d'énergie que la conscience confectionne et dont elle se couvre afin de fusionner parfaitement avec le corps physique.

DIVIN

MONADIQUE

ATMIQUE

BOUDDHIQUE

MENTAL

ASTRAL

Corps subtils: bandes d'énergie qui entourent et imprègnent le corps physique.

LES CORPS SUBTILS FONT PARTIE DE L'AURA

La conscience se rattache au corps physique dès le moment de la conception, mais son influence ne s'exerce que progressivement.

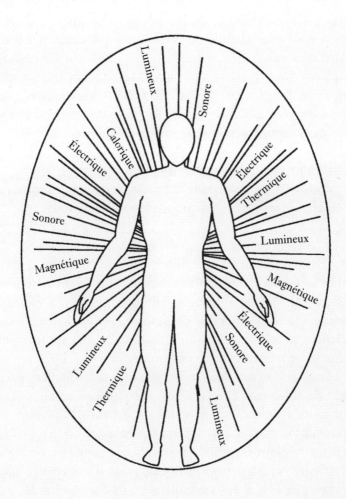

LES DIVERS CHAMPS D'ÉNERGIE ENTOURANT LE CORPS PHYSIQUE
Divers champs d'énergie émanent du corps physique et l'entourent, à savoir les champs lumineux, électrique, calorique et thermique, sonore, magnétique et électromagnétique. Il est possible de les mesurer scientifiquement, ce qui confirme que le corps humain est bel bien un système énergétique.

19

faibles de vos divers champs d'énergie. Il vous sera par ailleurs nécessaire de déterminer à quel moment les renforcer, les rééquilibrer et les purifier. De même, il sera important pour vous de percevoir à temps les moments où votre aura subira des pertes d'énergie. Enfin, il sera essentiel pour votre bien-être physique, spirituel et mental que vous preniez conscience des énergies les plus imperceptibles aussi bien que des énergies les plus palpables qui circulent dans votre corps et tout autour de celui-ci.

L'AURA ET SES CARACTÉRISTIQUES

Avant d'être en mesure de percevoir l'aura, il importe d'en bien comprendre les propriétés fondamentales.

1. Chaque aura possède sa propre fréquence vibratoire.

Chaque champ d'énergie est unique en soi et il n'en existe pas deux pareils, même si certains peuvent parfois se ressembler. Même si chaque aura comporte des champs sonore, électromagnétique et lumineux, la puissance de ces derniers varie d'un individu à l'autre, car chacun les émet selon sa propre fréquence vibratoire.

Lorsqu'il existe des similarités entre la fréquence vibratoire de votre aura et celle d'une autre personne, vous vous sentez en affinité avec elle et il vous est alors plus facile de nouer des liens avec elle. Il n'est pas rare de voir certains en déduire aussitôt qu'ils se sont connus dans une vie antérieure. C'est peut-être le cas, mais il est encore plus vraisemblable que vos auras présentent des similitudes sur le plan des vibrations physiques, affectives, mentales ou spirituelles, indépendamment de ce que tous deux avez pu expérimenter dans une autre vie.

Dans d'autres cas, l'aura de certaines personnes peut avoir une fréquence vibratoire entièrement différente de la vôtre. Ou vous éprouverez spontanément de l'antipathie pour ces gens, ou vous serez mal à l'aise ou nerveux en leur présence. Souvent, ces premières impressions passagères et réciproques correspondent aux ajustements nécessaires qui se produisent entre vos deux auras. Cela ne signifie donc pas obligatoirement que cette personne est détestable, mais plutôt que vos deux champs d'énergie ne sont pas encore adaptés l'un à l'autre. Ce qui ressemble au départ à de la dissonance peut se transformer en harmonie avec le temps. Ne dit-on d'ailleurs pas que «les contraires s'attirent parfois»?

Avec un peu de pratique, vous pourrez modifier à volonté la fréquence de votre aura. Vous serez alors en mesure d'établir des relations plus harmonieuses avec les autres. Il existe en effet une technique ancestrale qui vous permettra d'adapter votre niveau d'énergie à celui de votre entourage. Nous l'utilisons d'ailleurs spontanément comme mécanisme de défense. Si vous apprenez à vous en servir consciemment, vous aurez dès lors la possibilité d'influer sur d'autres champs d'énergie avec toute la fermeté ou la souplesse que vous jugerez nécessaire.

2. Il y a constamment interaction entre votre aura et celle des autres.

À cause de ses grandes propriétés électromagnétiques, votre aura procède en permanence à un échange d'énergie avec celle de vos semblables. Chaque fois que vous entrez en contact avec quelqu'un, vous avez la possibilité de transmettre et d'absorber de l'énergie. Vous pouvez par exemple céder une partie de votre énergie électrique contre un peu d'énergie magnétique. Plus vous aurez d'interactions avec les autres, plus le transfert d'énergie sera considérable.

Or, à moins d'être conscient de ce processus, vous risquez d'accumuler passablement de débris énergétiques et de vous retrouver, à la fin de la journée, complètement épuisé ou encore la tête pleine d'idées, de pensées ou de sentiments bizarres. Vous arrive-t-il parfois d'avoir l'impression de devenir cinglé? Dites-vous que la cause de votre état d'esprit réside probablement dans l'accumulation d'énergie qui s'est produite au contact des autres durant la journée.

Qui n'a pas connu de ces individus qui vous pompent littéralement votre énergie? Le seul fait de dialoguer avec

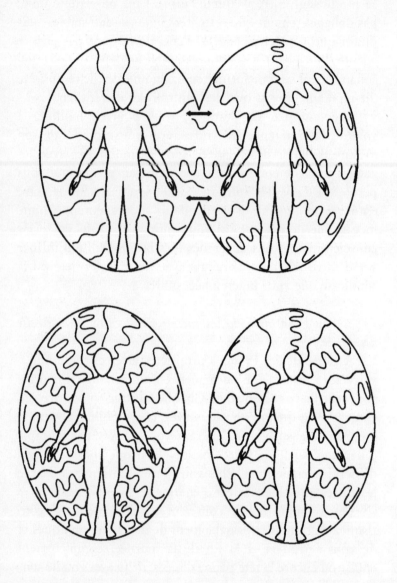

ÉCHANGE D'ÉNERGIE DÛ À L'INTERACTION DE DEUX AURAS

eux, que ce soit au téléphone ou face à face, suffit à vous exténuer. À la fin de la conversation, vous vous sentez comme si un rouleau compresseur vous avait passé sur le corps! Inutile de dire que ce genre d'échange est malsain, car il a pour seul effet de priver votre aura de son énergie. Les exercices que vous trouverez au dernier chapitre vous aideront à rééquilibrer votre aura et à lui redonner toute sa vigueur et tout son éclat, ainsi qu'à éviter dorénavant ce type de communication à sens unique.

3. *Il y a également interaction entre votre aura et celle des animaux, des plantes, des roches, etc.*

Toute matière, animée ou inanimée, possède une structure atomique et, par conséquent, un champ d'énergie. Celui-ci est plus puissant et plus facile à détecter dans le cas de la matière vivante que dans le cas de la matière inerte, mais il peut dans les deux cas servir à renforcer votre propre champ d'énergie.

Le fait de vivre en pleine nature contribue à équilibrer et à purifier l'aura. Entourer un arbre de ses bras constitue, dit-on, une excellente habitude à adopter. Il y a beaucoup de vrai là-dedans, car les arbres possèdent des champs d'énergie très puissants, capables d'agir favorablement sur ceux des êtres humains. Tout comme nous, chaque arbre a sa propre fréquence vibratoire. On peut donc sans réserve «enlacer» plusieurs arbres différents lorsqu'on souhaite retirer de multiples bienfaits d'une telle pratique. De même, demeurer assis de cinq à dix minutes sous un saule contribue à calmer les maux de tête. Pour leur part, les pins aident à purifier l'aura. Ils absorbent et éliminent les émotions négatives, en particulier le sentiment de culpabilité. (Les pins ne subissent toutefois aucun préjudice, puisqu'ils utilisent ces émotions négatives comme fertilisant.)

À cause de leurs propriétés électromagnétiques, les pierres et les cristaux ont connu un regain de popularité au cours des années quatre-vingt. Les énergies émises par certains d'entre eux sont facilement absorbées par l'aura. Vous

COMMENT VOIR ET INTERPRÉTER L'AURA

trouverez au chapitre 4 certains exercices permettant de mesurer la puissance des champs d'énergie. Ils vous permettront de vérifier par vous-même l'impact des arbres et des cristaux sur l'aura. Il vous suffit simplement de tenir un cristal dans votre main ou d'enlacer un arbre pendant quelques minutes, puis de mesurer votre aura. Vous constaterez invariablement que sa taille a augmenté.

L'aura des animaux a aussi des effets non négligeables sur les gens. Comme des études récentes ont permis de le constater, on peut obtenir des résultats salutaires en mettant des malades et des personnes âgées en contact avec un animal de compagnie. On a ainsi pu démontrer que le fait de caresser un chat ou un chien contribue à faire baisser la tension artérielle. En plus d'équilibrer l'aura, un telle influence assure une plus grande stabilité sur les plans physique, émotionnel, mental et spirituel. Nous avons brièvement fait référence aux totems (qui représentent des animaux) lorsque nous avons examiné la première caractéristique de l'aura. Souvenez-vous qu'il existe un lien étroit entre ces deux points.

4. Plus le contact est intime et se prolonge, plus l'échange énergétique est important.

Votre aura laisse son empreinte sur son environnement, y compris sur les êtres et les choses avec lesquels elle entre en contact. Plus les rapports sont étroits et fréquents, plus l'impression sera durable. C'est ainsi que l'action électromagnétique de votre aura contribue à magnétiser les objets avec lesquels vous êtes en contact et leur milieu environnant. Si vous avez l'habitude de toujours vous asseoir sur la même chaise, vous laissez des traces d'énergie tout autour, de telle sorte qu'elle devient *votre* chaise. Si vous aviez votre propre chambre à coucher quand vous étiez enfant, vous vous souviendrez sans doute que vous n'y éprouviez pas les mêmes sensations que dans celle de vos parents et de vos frères et sœurs.

Ce phénomène est dû au fait que votre aura imprègne votre environnement habituel d'une énergie dont la longueur d'onde s'harmonise avec la vôtre. Plusieurs personnes sont incapables de dormir ailleurs que dans leur propre lit. Elles se sentent mal à l'aise dans un lit dont les vibrations leur sont étrangères. Le temps nécessaire pour s'habituer à un lit et à des vêtements neufs ou à une nouvelle maison représente le temps dont votre aura a besoin pour ajuster ces objets ou votre nouvel environnement à votre propre fréquence.

La couverture d'un bébé ou son jouet en peluche préféré s'imprègnent de l'énergie de son aura en l'absorbant. Lorsque le bambin tient l'objet en question dans ses bras, cela lui permet de refaire ses forces et de rééquilibrer son énergie vitale. C'est pourquoi il est important qu'il puisse s'y blottir après une journée bien remplie, afin de puiser dans les réserves d'énergie qui y sont accumulées. L'enfant qui proteste lorsque son édredon ou sa peluche sont envoyés au blanchiment a effectivement raison de le faire: il a l'intuition — fondée — que toute la charge énergétique qui y est accumulée va partir au lavage.

Le même principe s'applique aux châles et aux tapis utilisés lors de la méditation ou de la prière. Ils se chargent d'une énergie dont la fréquence est propre à l'état de méditation. Par conséquent, chaque fois qu'ils servent à cette fin, leur énergie s'accumule et il devient de plus en plus facile de se plonger dans l'état de méditation et d'y demeurer.

La psychométrie (mesure des vibrations des objets) est justement fondée sur le fait qu'il existe une interaction directe entre l'aura et les choses. Plus un individu a un contact prolongé avec un objet, plus cet objet se charge d'énergies vibratoires analogues à celles de la personne. Il en résulte qu'un médium peut recueillir plein d'informations sur un individu simplement en examinant un objet lui ayant appartenu.

Plus nous sommes exposés à certains champs d'énergie, plus nous en subissons les effets et plus ils s'imprègnent de nos vibrations. Si l'aura d'une personne est plus puissante que la vôtre, cette personne est facilement en mesure d'ajuster votre aura à la sienne, et réciproquement si la vôtre est prépondérante. C'est pourquoi l'influence des pairs est si considérable. Les énergies combinées de tout un groupe l'emportent sur celles d'un simple individu. Plus les rapports seront nombreux entre les membres d'un cercle et une personne seule, plus l'aura de cette dernière s'harmonisera avec celle de l'organisation et en adoptera les diverses caractéristiques.

Un contact intime du genre de celui qui se produit lors des rapports sexuels donne lieu à un véritable enchevêtrement des champs d'énergie des individus. La sexualité permet un formidable brassage d'énergies. Les vibrations qui en résultent peuvent avoir un effet beaucoup plus durable qu'à la suite d'une simple rencontre fortuite. Il n'est pas aussi facile de s'en défaire ou de rééquilibrer ses énergies. Quelles que soient vos idées sur cette question, sachez qu'il n'y a jamais d'amour totalement «libre». Ainsi, s'il ne met pas fin à une relation déjà établie avant de nouer des liens intimes avec une autre personne, un individu qui change sans arrêt de partenaire est susceptible de faire s'enchevêtrer les énergies de plusieurs personnes à des degrés très divers.

Plus les rapports entre deux personnes sont intimes et durent longtemps, plus il y a une interaction forte et subtile entre leurs champs d'énergie. L'aura des parents (plus particulièrement de la mère) est au moins partiellement liée à celle de leurs enfants tout au long de leur vie. Lorsque la relation entre deux êtres est durable, il en résulte un entre-croisement étroit de leurs énergies. La douleur subie au moment du décès d'un être cher est due en grande partie à la difficulté que nous éprouvons à nous libérer des énergies ayant appartenu à cette personne et qui se sont amalgamées aux nôtres avec le temps. La période de deuil est donc fonction de la durée et de l'intensité de la relation. Même dans les familles dont les membres ont pris leurs distances les uns par rapport aux autres, une impalpable sensation de vide surgit à mesure que l'énergie de la personne décédée se sépare de celle des vivants.

5. L'aura et les changements qui se produisent à l'intérieur de celle-ci en disent long sur l'état d'une personne sur les plans physique, émotionnel, mental et spirituel.

L'étendue, la forme, les couleurs de l'aura et leur éclat fournissent quantité d'indications quant à la santé et à la disposition d'esprit de quelqu'un. Mais, comme vous vous en rendrez bientôt compte, il est souvent plus facile de voir l'aura que d'en donner une interprétation adéquate.

En règle générale, une personne dont le champ d'énergie est déficient parvient plus difficilement à résister aux influences extérieures (voir illustration à la page 28). Elle est plus sujette aux maladies et se laisse facilement perturber sur les plans émotif et mental. Pour en avoir une meilleure idée, imaginez que vous travaillez dans les bureaux d'une grande entreprise. Si vous êtes reposé, vous ne vous laisserez pas importuner par le bourdonnement des machines à écrire ou de tout autre équipement de bureau. Mais, à mesure que la journée progresse et que votre énergie diminue, votre aura perd peu à peu de sa force vibratoire. Vous devenez alors plus sensible aux bruits ambiants. En pénétrant peu à peu votre champ d'énergie, ces bruits finissent par vous agacer et vous déranger. Mais si vous êtes conscient de ce phénomène, vous avez la possibilité de prendre les dispositions nécessaires pour protéger et rééquilibrer votre aura.

Chaque fois que vous éprouvez de vives émotions, il se produit un bouleversement équivalent au niveau de votre aura. Sa couleur, sa forme ou une autre de ses caractéristiques subit alors des modifications importantes. La même chose est valable lorsque des stimuli extérieurs viennent troubler vos énergies mentales et spirituelles. D'ailleurs, toutes les activités auxquelles vous vous adonnez influent sur votre aura. Vous verrez au chapitre 5 comment interpréter les données que vous recueillerez, en particulier celles liées à votre perception des couleurs.

Les couleurs et leur intensité sont susceptibles de varier de manière surprenante tout au long de la journée. Tout

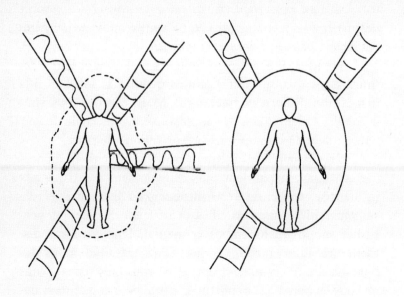

INFLUENCES SUBIES PAR UNE AURA DÉFICIENTE
ET UNE AURA PUISSANTE

Si votre aura est affaiblie, vous courez davantage le risque de subir l'influence de forces extérieures de toute nature: physique, émotive, mentale ou spirituelle. Une aura puissante est capable au contraire de dresser une barrière entre elle et les pressions extérieures susceptibles de la déstabiliser.

dépend de ce qui a pu survenir au cours de votre vie. Une ou deux teintes peuvent toutefois demeurer relativement inchangées, révélant par le fait même que vous êtes engagé dans un processus qui se poursuit depuis un mois à un an. L'éclat de la couleur joue un rôle de baromètre à cet égard.

Ainsi, une profusion de vert entourant le corps dans un rayon de un ou deux mètres peut correspondre à une période de développement personnel qui dure depuis quatre à six mois. Mais il ne faut pas toujours s'en tenir rigoureusement à cette seule interprétation. Il peut se produire un très grand nombre de changements de couleurs au cours d'une même journée et toutes viennent s'ajouter à l'énergie de base qui est la vôtre à cette étape de votre vie. Plusieurs autres couleurs d'intensité différente peuvent se fondre dans ce

vert, chacune exprimant un nouvel aspect de votre personnalité. C'est ce facteur qui rend l'interprétation de l'aura si
difficile. Il ne faut donc pas avoir peur de se tromper ni de
faire appel à son intuition. C'est le meilleur moyen d'apprendre!

E X E R C I C E
Poussées et tractions exercées sur l'aura

Voici un exercice que vous pouvez facilement faire en
compagnie d'un partenaire. Il constitue un excellent moyen
de démontrer que le champ d'énergie qui vous entoure est
intimement lié au corps physique et influe grandement sur
celui-ci.

1. Demandez à votre partenaire de se tenir debout en
vous tournant le dos.

2. Placez-vous à environ un mètre de lui et mettez vos
mains devant vous comme si vous aviez l'intention de lui
donner une poussée (voir illustration à la page 30).

3. Étendez vos bras en plaçant vos mains comme si
vous vouliez déplacer un mur invisible.

4. Les bras et les mains toujours étendus, faites comme
si vous vouliez ramener ce mur invisible vers vous.

5. Recommencez ces mouvements successifs de
poussée et de traction. Poussez vers l'avant, tirez vers l'arrière. Assurez-vous de faire des gestes lents et délibérés.

6. Ce faisant, vous exercez tour à tour une poussée et
une traction sur l'aura de votre ami, ce qui a comme
conséquence d'inciter peu à peu son corps à se balancer
d'avant en arrière. Ainsi, lorsque vous poussez sur son
aura, son corps tend à osciller vers l'avant. Au contraire,
lorsque vous tirez sur son aura, son corps tend à osciller
vers l'arrière.

7. Puisque votre partenaire vous tourne le dos, il est
incapable de voir vos mouvements, lesquels auraient pour
effet de l'influencer inconsciemment.

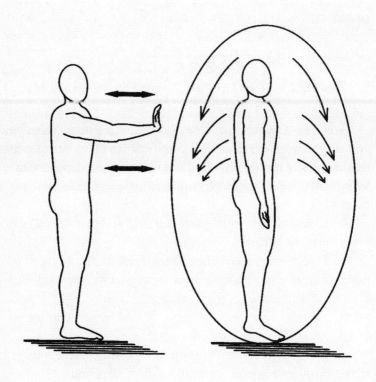

EXERCICE DE POUSSÉE ET DE TRACTION SUR L'AURA

Puisque l'aura constitue un élément vital de l'ensemble du système énergétique, le fait de pousser et de tirer sur elle a pour résultat d'amener le corps physique à osciller également d'avant en arrière.

8. Il est parfois difficile de percevoir le mouvement de va-et-vient engendré par cet exercice. Si tel est le cas, invitez une tierce personne à jouer le rôle d'observateur. Demandez-lui de se tenir à deux ou trois mètres de distance et de telle sorte que vous et votre partenaire soyez de profil par rapport à elle. Elle sera ainsi mieux en mesure de détecter l'effet de balancier produit.

9. Inversez les rôles. Demandez à votre partenaire de pousser et de tirer sur votre aura, ou prenez la place de l'observateur.

10. Il est parfois utile de demander à quelqu'un de se placer en face de la personne dont l'aura est soumise à cette expérience. On évitera ainsi que cette dernière se blesse si jamais elle perd l'équilibre pendant cet exercice.

CHAPITRE 2

·····················

COMMENT DÉTECTER LA PRÉSENCE DE L'AURA

Lorsqu'on leur demande leur avis au sujet de l'aura, la plupart des gens soutiennent qu'un tel champ d'énergie n'existe pas ou, s'ils sont disposés à en admettre l'existence, ils estiment qu'il est impossible de voir l'aura. Fort heureusement, nous sommes désormais en mesure de démontrer que l'aura est une réalité observable.

La majorité des gens ne s'intéressent qu'à ce qui est nécessaire ou essentiel à leur existence immédiate. Ils ignorent donc à peu près tout de la manière dont le corps humain est organisé. En tout état de cause, les médecins sont là pour voir à son bon fonctionnement. Par conséquent, pourquoi se préoccuper de telles questions? C'est ainsi qu'ils se déchargent de leurs responsabilités en cédant aux autres une part importante de leur pouvoir de décision. Or, quand on se soucie aussi peu de son propre corps et des énergies qu'il dégage, il n'est pas étonnant qu'on entretienne autant de préjugés à l'égard des énergies vitales les moins perceptibles.

Le présent chapitre vise à vous sensibiliser, par le truchement de quelques exercices, à la présence des champs d'énergie subtile qui vous entourent. Ils vous permettront de déceler et de voir les énergies émises par le corps tout en prenant conscience des influences qu'elles exercent sur vous. Mais la clé de votre succès dépendra de votre persévérance et de la régularité avec laquelle vous vous entraînerez.

Ces exercices vous sont proposés selon un ordre progressif. Le premier exercice vous permettra de prendre contact avec certaines des énergies de l'aura. Les exercices subséquents vous aideront non seulement à percevoir, mais surtout à voir réellement ces champs d'énergie.

Il n'est toutefois pas facile de faire abstraction de nos croyances personnelles lorsqu'on aborde cette question. Si, en dépit des preuves scientifiques confirmant la réalité de ce phénomène, vous persistez à en nier l'existence, les résultats que vous obtiendrez ne seront guère concluants. La plupart des gens étant élevés dans l'idée que de telles énergies subtiles n'existent pas, ils en viennent à la conclusion, chaque fois qu'ils sont mis en face des faits, que leur imagination leur joue des tours. L'objectif des exercices qui suivent est justement de vous aider à vous départir de ces vieilles idées qui limitent votre pouvoir de perception. Ils réveilleront et raviveront les forces qui sommeillent en vous depuis votre enfance. Outre que vous augmenterez ainsi votre sensibilité, vous développerez également votre capacité de voir l'aura.

Le temps nécessaire pour arriver à des résultats satisfaisants varie d'une personne à l'autre. Il est important de persévérer. Au début, vous réussirez mieux certains exercices que d'autres. Ne vous laissez pas décourager si vos premières tentatives ne sont pas couronnées de succès. Seuls le temps et la pratique permettent d'acquérir de nouvelles habiletés, quelles qu'elles soient. *Souvenez-vous qu'il est tout à fait naturel de voir l'aura!* Vos facultés ayant toutefois été mises en veilleuse pendant des années, il vous faudra étirer lentement et patiemment les «muscles» de votre esprit. Soyez tenace et vous réussirez!

Même si les exercices proposés peuvent vous paraître amusants, gardez en tête qu'ils doivent être faits avec sérieux. Apprendre à détecter l'aura constitue une forme d'engagement envers soi-même et envers les autres. Soyez donc sincère avec vous-même et songez que vous entamez un long processus qui vous permettra de mieux vous connaître et de mieux connaître vos semblables. Le territoire sur lequel vous vous apprêtez à pénétrer est sacré. Procédez donc avec le plus grand respect.

Si vous parvenez à rester concentré tout en demeurant détendu pendant toute la durée des exercices, leur effet en sera accru d'autant. Si votre désir de réussir est trop intense, vous ne ferez que retarder vos progrès. Méditer et vous relaxer avant d'entreprendre chaque exercice ne pourra que vous être bénéfique. Prenez donc quelques instants pour fermer les yeux et respirer profondément à partir du bas de votre diaphragme. Représentez-vous chaque partie de votre corps, en commençant par les pieds, et imaginez qu'une douce chaleur bienfaisante se répand peu à peu dans tout votre organisme. Voyez en pensée cette progression, ressentez-la intensément. Visualisez ensuite vos muscles et vos organes, en parcourant votre corps jusqu'au sommet de votre crâne.

Prenez votre temps. Gardez les yeux fermés et respirez profondément et régulièrement. Vous pouvez, si vous le désirez, écouter de la musique douce ou des sons naturels qui vous aideront à vous décontracter. Plus vous garderez longtemps votre attention sur chaque partie de votre corps, plus la détente sera profonde. Plus vous vous détendrez, mieux vous serez en mesure de vous concentrer. Et meilleure sera votre concentration, plus vous serez à même de percevoir les énergies subtiles qui vous entourent.

Pareil exercice de détente a pour effet d'accroître considérablement votre sensibilité. Vous en avez fait partiellement l'expérience s'il vous est déjà arrivé de vous faire réveiller par la sonnerie du téléphone ou par un bruit retentissant. Quand on est décontracté, c'est-à-dire dans un état modifié de conscience, on ressent les vibrations extérieures avec plus d'intensité. La sonnerie du téléphone semble plus forte, les odeurs plus pénétrantes, la lumière et les couleurs plus éblouissantes. Il s'ensuit que la relaxation, en amplifiant votre pouvoir de perception, vous aidera à discerner avec plus de facilité les énergies subtiles qui composent l'aura.

EXERCICE Nº 1
PRISE DE CONTACT AVEC VOS ÉNERGIES SUBTILES

Cet exercice vise à vous sensibiliser aux énergies subtiles qui émanent de votre corps physique. Vous pouvez le faire seul, mais vous pouvez également l'adapter de manière à vous entraîner en compagnie d'un ami.

Il se produit une très forte activité énergétique au niveau des mains, mais d'autres points similaires sont également situés tout le long du corps. Les principaux figurent parmi les sept chakras mentionnés dans la tradition ésotérique (voir illustration à la page 37). L'énergie émise par le corps est plus intense à ces endroits. Ainsi, lorsque leur sensibilité s'accroît, les mains sont en mesure de capter l'énergie du corps aussi bien que de lui en transmettre. C'est d'ailleurs cette dernière faculté qui permet aux magnétiseurs d'imposer les mains et de guérir par simple toucher.

En débutant par les mains, vous serez plus facilement en mesure de détecter les énergies subtiles de l'aura. En outre, plus vous augmenterez leur réceptivité, plus la sensibilité des autres parties de votre corps se développera par le fait même.

1. Commencez par vous asseoir confortablement. Si vous avez fait un exercice de relaxation au préalable, votre tâche en sera grandement facilitée.

2. Frottez rapidement les paumes de vos mains l'une contre l'autre pendant environ 15 à 30 secondes, afin d'accroître leur sensibilité.

3. Étendez vos mains devant vous de façon à ce qu'elles soient entre 30 à 50 cm de votre corps, les paumes se faisant face. L'écart entre elles doit être d'environ 60 cm.

4. Rapprochez lentement les mains le plus près possible l'une de l'autre, mais sans qu'elles se touchent.

5. Toujours au ralenti, éloignez-les de nouveau jusqu'à ce qu'elles soient à environ 15 cm l'une de l'autre. Répétez

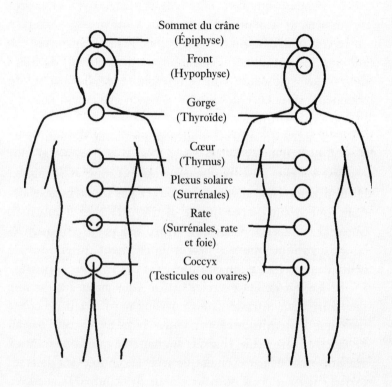

Sommet du crâne
(Épiphyse)

Front
(Hypophyse)

Gorge
(Thyroïde)

Cœur
(Thymus)

Plexus solaire
(Surrénales)

Rate
(Surrénales, rate
et foie)

Coccyx
(Testicules ou ovaires)

LES SEPT CHAKRAS

Les chakras servent à canaliser tant les énergies qui se trouvent à l'intérieur de votre corps que celles qui y pénètrent et en sortent. Ils redistribuent les énergies devant servir à vos besoins physiologiques, émotionnels, intellectuels et spirituels. Les sept principaux chakras constituent les points d'énergie où l'activité électromagnétique de l'aura est la plus forte. Les mains et les pieds sont également des points où cette activité est très grande. Il est plus facile de détecter les énergies de l'aura près de ces différents points.

ce mouvement de va-et-vient, mais en procédant toujours avec la même lenteur et la même régularité (voir illustration au haut de la page 39).

6. Pendant que vous faites cet exercice, soyez à l'écoute de vos sens. Il se peut que vous sentiez une pression se créer entre vos mains, ce qui ne vous empêche pas d'éprouver par ailleurs des sensations d'élasticité, de picotement, de lourdeur ou d'épaisseur. Une impression de chaleur ou de fraîcheur, ou encore des vibrations sont également susceptibles de se manifester.

7. Prenez quelques minutes pour tenter de définir ce que vous ressentez. Ne vous inquiétez pas de savoir si tout cela est le fruit de votre imagination ou non. Ne vous en faites pas non plus si vous n'éprouvez pas les mêmes sensations que d'autres personnes; il n'y a là rien d'anormal. Souvenez-vous que votre aura vibre à sa propre fréquence, ce qui explique que vos perceptions soient différentes de celles des autres. Ce qui compte, c'est ce que vous éprouvez.

8. Le but de cet exercice est de vous aider à avoir une meilleure concentration tout en vous permettant de constater que l'énergie émise par votre corps ne s'arrête pas au niveau de votre peau. Il serait souhaitable que vous mettiez vos impressions par écrit et que vous les conserviez dans un carnet, de manière à pouvoir établir des comparaisons avec vos perceptions ultérieures, lorsque vous serez bien entraîné à ce genre d'exercice. Vous pourrez ainsi mesurer le chemin parcouru.

9. Lorsque vous aurez terminé, vous pouvez, si vous le souhaitez, pousser l'expérience un peu plus loin. Pour ce faire, dénudez le moins vigoureux de vos deux bras et placez votre autre main à environ 50 cm au-dessus de votre avant-bras (voir illustration au bas de la page 39).

10. Approchez lentement votre main de votre avant-bras dévêtu et assurez-vous que vos sens soient en éveil. À quelle distance de votre avant-bras ressentez-vous l'énergie qui s'en dégage? Souvenez-vous que vous êtes susceptible d'éprouver une grande variété de sensations: pression,

COMMENT DÉTECTER LA PRÉSENCE DE L'AURA

PRISE DE CONTACT AVEC VOS ÉNERGIES SUBTILES

Le mouvement de va-et-vient des mains pousse l'énergie qui les entoure à s'accumuler entre celles-ci. Cela vous aide à mieux la percevoir. Les mains deviennent par la même occasion plus sensibles aux énergies subtiles.

À mesure que la sensibilité de vos mains augmentera, vous pourrez également détecter les énergies émises par les autres parties de votre corps. Vous éprouverez alors des sensations de chaleur, de lourdeur, de picotement, etc.

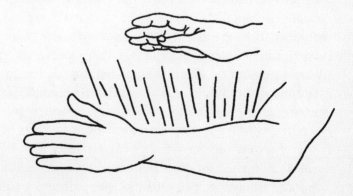

chaleur, fraîcheur, picotement, lourdeur, etc. Il y a de fortes chances pour que vous ressentiez la même chose que lorsque vos deux mains étaient en face l'une de l'autre. L'impression ne sera peut-être pas aussi forte que précédemment, mais vous devriez néanmoins discerner quelque chose. Si vous n'y arrivez pas, recommencez lentement l'expérience, en n'oubliant pas que vous êtes en train de réveiller vos facultés endormies.

EXERCICE N° 2
ÉMISSION ET DÉTECTION D'ÉNERGIES

Selon un vieil adage ésotérique, «là où se trouve la pensée se trouve également l'énergie». En d'autres termes, vos pensées canalisent vos énergies, de sorte que votre aura modifie sa fréquence en fonction de vos idées. Si vous songez à une importante réunion, les vibrations de votre aura s'ajusteront de manière à refléter tout le sérieux de la situation future. Si vous avez en tête vos vacances qui approchent, votre aura sera déjà plus calme au moment où vous les entreprendrez. Le fait d'apprendre à déceler la présence de votre aura et à maîtriser son flux d'énergie vous aide à prendre conscience des pensées que votre cerveau émet tout au long de la journée.

Vous êtes exposé en permanence à diverses formes d'énergie susceptibles d'influer sur votre champ d'énergie et votre équilibre. Il peut s'agir d'expressions de colère ou de désir sexuel autant que d'incitations à consommer, ou encore d'élans d'amour ou d'amitié aussi bien que de tentatives de manipulation. Plus vous êtes vigilant, plus vous êtes en mesure de choisir ce que vous souhaitez voir entrer dans votre champ d'énergie ou en laisser sortir.

Il nous est tous arrivé de pénétrer dans une pièce en ayant l'impression qu'une dispute ou une discussion animée s'y était produite un peu plus tôt. L'atmosphère y était à ce point lourde et tendue que nous en sommes même devenus

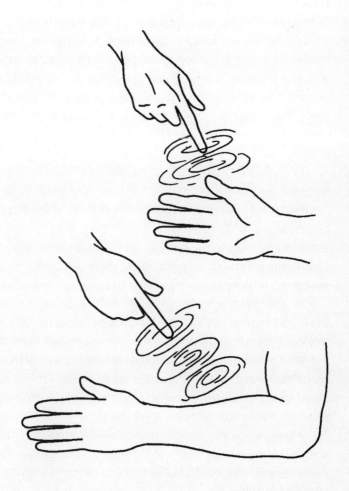

quelque peu irritables. Or, de nombreux débris énergétiques analogues mais plus difficilement décelables peuvent vous affecter très aisément si vous n'élevez pas votre niveau de conscience et n'augmentez pas votre sensibilité.

L'exercice qui suit est justement conçu pour vous permettre de constater de quelle façon les énergies extérieures peuvent avoir un impact sur vous. En développant votre pouvoir de perception, vous serez mieux en mesure de stopper les énergies qui sont cause de stress et de canaliser celles qui ont un effet bénéfique sur votre aura.

1. Assoyez-vous confortablement et prenez quelques instants pour vous détendre. Vous pouvez garder les yeux fermés tout au long de cet exercice si vous le désirez, mais cela n'est pas indispensable.

2. Gardez la paume d'une de vos mains tournée vers le ciel. Pointez l'index de votre autre main vers elle, en maintenant votre doigt à environ 7 à 15 cm de votre paume.

3. Prenez quelques respirations lentes et profondes. Tout en inspirant et en expirant, imaginez qu'il se produit une concentration d'énergie entre votre main et votre index.

4. Après quelques minutes, commencez à décrire lentement un petit cercle à l'aide de votre doigt. Imaginez que votre index émet un courant d'énergie sous forme de spirales qui viennent caresser la paume de votre main ouverte. Ne vous souciez pas de savoir si ce flot d'énergie est réel ou non, car cet exercice vise uniquement à vous persuader que votre énergie emprunte le chemin de vos pensées (voir illustration à la page 41).

5. Soyez attentif à ce que vous ressentez à l'intérieur de votre paume.

Tout comme c'était le cas pour l'exercice précédent, vos impressions peuvent être différentes de celles d'une autre personne. Peut-être avez-vous senti une boule de chaleur, à moins que vous n'ayez éprouvé une sensation de picotement, de lourdeur ou d'épaisseur au milieu de votre paume.

Quelle que soit l'impression que vous avez eue, elle sera encore plus forte si vous fermez les yeux. Plus votre esprit se concentrera sur l'énergie émise par votre doigt, plus vous la percevrez avec netteté.

6. Refaites l'exercice, mais en pointant cette fois-ci votre index vers votre avant-bras dévêtu. Imaginez que vous envoyez des spirales d'énergie dans sa direction. Soyez à l'écoute de vos sensations. Avec le temps et un peu d'expérience, vous constaterez qu'elles ne varient guère d'une fois à l'autre. Seule leur intensité change. Vous vous entraînerez par le fait même à détecter les signaux qui vous avertiront chaque fois qu'on tentera subrepticement d'influencer votre aura.

7. Une autre variante de cet exercice consiste à s'entraîner avec une autre personne. Demandez à votre partenaire de se tenir debout en vous tournant le dos. Placez une de vos mains à environ 15 à 30 cm de son dos. Envoyez lentement de l'énergie dans sa direction, comme vous l'avez fait pour votre avant-bras, en formant des figures géométriques simples: cercles, carrés, triangles, etc. Invitez votre ami à décrire ce qu'il ressent, tout en évitant soigneusement de le toucher. Refaites les mêmes dessins au besoin et concentrez-vous pendant que vous projetez votre énergie.

8. Encouragez votre partenaire à deviner quelles figures vous dessinez dans son dos. Soyez attentif à ce qui se passe et comparez vos impressions aux sensations que vous avez éprouvées au cours des exercices précédents.

9. Augmentez progressivement la distance entre votre main et votre bras ou entre vous et votre partenaire. Quel est l'écart maximum possible entre votre index et votre avant-bras avant que vous ne puissiez plus percevoir les cercles que vous dessinez? Jusqu'où une personne qui dessine des figures dans votre dos peut-elle s'éloigner de vous avant que vous ne puissiez plus les identifier? Vos impressions varient-elles en fonction de la distance? Prenez bonne note de vos réponses, car ces expériences contribuent au **43**

développement de votre capacité de percevoir les énergies subtiles qui vous environnent et de mesurer leur impact sur votre aura.

10. Dirigez lentement votre main vers votre avant-bras. Soyez attentif à ce que vous ressentez. Jusqu'où devez-vous vous en approcher avant de pouvoir détecter l'énergie émise par votre bras? Rappelez-vous que vous pouvez éprouver des sensations diverses: pression, chaleur, fraîcheur, lourdeur, etc. Vous devriez ressentir la même chose que lorsque vos deux mains étaient en face l'une de l'autre. L'impression ne sera peut-être pas aussi forte qu'alors, mais vous devriez néanmoins discerner quelque chose. Si vous n'y arrivez pas, recommencez lentement l'expérience, en n'oubliant pas que vous êtes en train de réveiller vos facultés endormies.

EXERCICE Nº 3
DÉTECTION DE TOUTE INTRUSION
DANS VOTRE CHAMP D'ÉNERGIE

Cet exercice vous aidera à mieux percevoir les énergies extérieures susceptibles d'influer sur votre aura ou de tenter d'envahir votre champ d'énergie. Il vous faudra la collaboration d'un partenaire.

1. Prenez quelques instants pour vous relaxer, puis placez-vous dos à un mur, les yeux fermés.

2. Votre partenaire devra attendre à l'extérieur de la pièce où vous êtes.

3. Il pénétrera ensuite lentement et silencieusement dans la pièce, jusqu'à ce que vous puissiez détecter sa présence à l'intérieur de votre champ d'énergie. Il doit avancer d'un pas à la fois et marquer un temps d'arrêt après chaque pas.

4. Gardez les yeux fermés; essayez de ressentir ce qui se produit uniquement à l'aide de votre esprit et de votre aura. Si vous le désirez, mettez-vous de l'ouate dans les oreilles et

un bandeau sur les yeux afin de ne capter aucun indice sonore ou visuel. Avant de commencer, imprégnez-vous des impressions que vous donne la pièce. Portez attention aux changements qui surviennent par la suite.

5. Jusqu'où votre partenaire doit-il se rapprocher de vous avant que vous ne remarquiez sa présence? Quelles sensations éprouvez-vous? Êtes-vous en mesure de détecter les mouvements de votre partenaire lorsqu'il se déplace d'un côté de la pièce plutôt que de l'autre? Incluez une troisième ou une quatrième personne dans l'exercice. Arrivez-vous à mieux percevoir leurs énergies si elles se déplacent en un seul groupe compact?

6. Cet exercice vous permet d'expérimenter tout en vous amusant. N'hésitez pas à lui apporter des variantes. Avant de commencer, prenez par exemple le temps de marquer d'un trait un endroit situé à deux ou trois mètres de vous sur le sol. Fermez les yeux et, pendant que vous faites l'exercice, gardez votre esprit concentré sur ce point de repère. Arrivez-vous à déceler quand votre partenaire traverse cette frontière imaginaire? Quelles sensations éprouvez-vous? Que se passe-t-il si deux personnes franchissent cette ligne en même temps?

Vous êtes en train de découvrir que vos limites s'étendent au-delà de votre corps physique. Vous percevez de plus en plus distinctement votre aura. À mesure que votre sensibilité s'améliorera, il en sera de même de votre perception visuelle.

CHAPITRE 3

....

EXERCICES POUR APPRENDRE À VOIR L'AURA

Ceux qui éprouvent de la difficulté à voir l'aura ont un problème dont la nature est davantage physique que métaphysique, car nous sommes tous en mesure d'y parvenir. Le véritable défi consiste plutôt à interpréter les faits observés, et c'est là que l'intuition et la métaphysique entrent en jeu. Nous aborderons cette question au chapitre 5.

Il existe deux modes de visualisation de l'aura: le mode intuitif et le mode objectif. Aucune de ces deux méthodes n'est toutefois supérieure à l'autre, leur vertu résidant uniquement dans l'interprétation que chacun tire de ses propres observations. Toutes deux constituent donc d'excellents instruments de connaissance, bien que le fait de percevoir physiquement l'aura permette de supprimer tout doute quant à son existence.

En mode intuitif, la détection de l'aura se fait avec l'œil de l'esprit plutôt qu'avec les yeux physiques. Votre succès dépendra donc de votre capacité de vous détendre et de visualiser le sujet observé à l'intérieur de votre esprit. Il vous sera ensuite nécessaire de poser à votre moi intuitif des questions concernant l'énergie dégagée par l'aura de cette personne. Quelle est sa couleur principale? Quelles sont les autres couleurs présentes et à quel endroit sont-elles situées principalement? Quels renseignements ces couleurs me révèlent-elles au sujet de cette personne sur les plans physique, émotionnel, mental et spirituel?

La plupart du temps, ces perceptions intuitives sont tout aussi justes que les impressions physiques, du moins si les interprétations auxquelles elles donnent lieu sont exactes. C'est pourquoi aucune des deux méthodes n'est meilleure ou plus efficace que l'autre. Il est toutefois certain que la capacité de voir l'aura vous offre l'avantage d'être en prise «directe» sur les champs d'énergie subtile.

Il est plus aisé de percevoir intuitivement l'aura d'une autre personne que la nôtre. Il est en effet très facile de se leurrer en imaginant des choses qui n'existent pas. Il est donc toujours bon de faire confirmer vos intuitions par quelqu'un. Comme nous le verrons au prochain chapitre, la baguette de sourcier et le pendule constituent à cet égard d'excellents instruments de contrôle objectif.

Chacun est aussi en mesure d'avoir une perception objective de l'aura, car cette faculté est donnée à tout le monde. La majorité des enfants voient les auras, mais on ne leur apprend pas à les reconnaître comme telles. Les parents ratent rarement une occasion d'émettre des commentaires défavorables sur la perception que leurs enfants ont des couleurs liées à l'aura ou à certains guides spirituels. Les parents et la société enseignent aux enfants que de telles visions relèvent de la fiction et de l'imagination. Ces derniers cessent d'y prêter attention et leurs dons naturels s'atrophient. Mais il est toujours possible de réveiller ses facultés endormies et de les développer, peu importe le temps qu'elles ont passé en hibernation.

Il y a donc moyen pour vous d'aiguiser votre acuité visuelle. Mais vous devez tout d'abord connaître le fonctionnement de votre œil, et en particulier de la pupille, de l'iris et de la rétine.

Comme le montre l'illustration qui se trouve à la page suivante, la pupille est un orifice étroit par où passent les rayons lumineux. Elle semble noire pour la même raison que la fenêtre d'une maison située à une certaine distance a l'air sombre également: elle est moins éclairée de l'intérieur que de l'extérieur. La pupille peut s'ajuster de

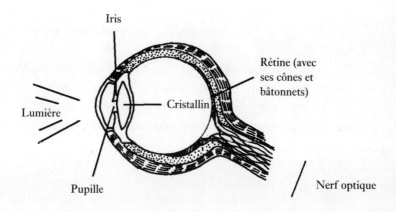

L'iris est un muscle qui règle la quantité de lumière entrant dans la pupille de l'œil. Les rayons lumineux traversent ensuite le cristallin et stimulent la rétine, qui est formée de cellules nerveuses appelées cônes et bâtonnets. Lorsqu'ils sont stimulés, ces derniers émettent une substance chimique qui vous permet de détecter et d'enregistrer les diverses couleurs et intensités de la lumière. Les exercices contenus dans ce chapitre visent à vous aider à améliorer votre perception des couleurs.

manière à laisser pénétrer plus ou moins de lumière dans l'œil.

Elle se contracte lorsque la lumière est vive et se dilate lorsque celle-ci est trop faible. C'est l'iris qui en commande les mouvements, réglant ainsi la quantité de lumière qui entre par la pupille.

Les rayons lumineux traversent ensuite le cristallin, sorte de lentille biconvexe, et sont captés par la rétine, qui constitue réellement la partie photosensible de l'œil. Elle est formée de cellules nerveuses (appelées cônes et bâtonnets) qui servent à détecter les couleurs et l'intensité lumineuse.

Lorsqu'ils sont stimulés, les cônes et les bâtonnets émettent une substance chimique qui transforme cette impulsion en tons et en clarté spécifiques. Le nerf optique transmet ensuite ces signaux au cerveau, qui enregistre les impressions observées.

Plus les cônes et les bâtonnets sont stimulés puissamment, plus vous êtes en mesure de détecter de faibles émissions de lumière. Les exercices visuels contenus dans ce chapitre sont destinés à renforcer vos muscles oculaires. Ils vous donneront une acuité visuelle supérieure à celle que vous auriez cru possible. On estime qu'à peine 15 à 20 p. 100 des cônes et bâtonnets de l'œil sont mis à contribution. Il ne faut donc pas s'étonner si la plupart d'entre nous sont incapables de déceler la faible énergie lumineuse émise par l'aura.

Voici ce que pense à ce propos le Dr Arthur Guyton, professeur de physiologie: «À l'intérieur des limites d'adaptation maximale à l'obscurité et d'adaptation minimale à la clarté, la rétine de l'œil peut modifier sa photosensibilité de 500 000 fois à 1 000 000 de fois en s'adaptant automatiquement aux changements de luminosité[1].» En d'autres termes, vous êtes en mesure de percevoir les ondes lumineuses avec beaucoup plus de facilité que vous ne l'auriez imaginé.

EXERCICES POUR LES YEUX

Des spécialistes ont mis au point des exercices visant à renforcer les muscles oculaires, notamment l'iris. Il est possible, par ce genre d'exercices, d'arriver à contrôler la quantité de lumière qui se rend jusqu'à la rétine en passant par la pupille. Ainsi, vous serez bientôt en mesure de percevoir de faibles émissions de lumière jusque-là invisibles à vos yeux.

---

1. *Basic Human Physiology*, W. B. Saunders Company, Philadelphie, 1971, p. 427.

Les dessins reproduits ci-après vous aideront à fortifier vos muscles oculaires en vous permettant de faire des exercices qui augmenteront la capacité de vos yeux à détecter les couleurs les plus vives aussi bien que la lumière la plus ténue. Comme pour n'importe quel exercice physique, il vous est conseillé de débuter lentement, sans faire d'effort inutile. Il ne sert à rien d'éprouver votre corps ou les muscles que vous entendez raffermir. Ces exercices gagneront en efficacité si vous les faites quotidiennement, si possible deux fois par jour, mais pas plus de 10 à 15 minutes à la fois. Il n'en faut pas davantage pour obtenir des résultats concluants.

Vous pouvez reproduire chacun des quatre dessins sur du papier bristol de quelque 50 cm de côté. Ces dimensions étant données à titre indicatif, sentez-vous libre de les modifier à votre guise. L'essentiel est que la taille des dessins soit suffisamment respectable pour que vous puissiez les voir distinctement d'une distance d'environ deux ou trois mètres après les avoir fixés à un mur.

Assurez-vous que les dessins soient à la hauteur de vos yeux. Si vous comptez vous asseoir pour faire les exercices, tenez-en compte au moment de les accrocher. Faites en sorte qu'ils ne soient entourés d'aucun élément susceptible de distraire votre attention. L'idéal serait un mur parfaitement blanc dont vous ne vous éloignerez pas de plus de trois mètres au moment de faire les exercices.

1. L'EXERCICE DE LA SPIRALE

Cet exercice vous aidera à renforcer les muscles de votre iris et à améliorer la profondeur de votre champ de vision en coordonnant le travail de vos yeux. Nous voyons la plupart des êtres et des choses avec nos deux yeux. Ainsi, lorsque vous regardez un objet, tous deux se focalisent sur cet objet. Lorsque vous posez successivement votre regard sur un objet situé au loin puis sur un objet situé tout près ou inversement, vos muscles oculaires modifient la forme du cristallin de manière à ce que la mise au point puisse se faire adéquatement sur la rétine. Avec l'âge, il devient plus

L'EXERCICE DE LA SPIRALE

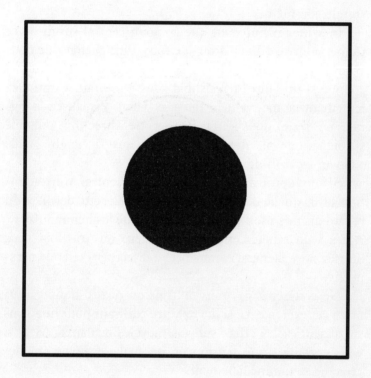

difficile pour les yeux de s'adapter à ces changements de perspective, mais il n'en tient qu'à vous de les garder en excellente forme.

Pour les besoins du présent exercice, fixez le centre de la spirale et gardez votre attention sur celui-ci. Voyez-le comme un point situé loin au bout du tunnel formé par la spirale elle-même.

Imaginez maintenant que ce point central surgit de ce tunnel pour se diriger droit sur vous. Puis changez de nouveau de perspective et plongez votre regard dans le tunnel comme si une force irrésistible vous y aspirait. Continuez lentement ce mouvement de va-et-vient. Visualisez la spirale en train de s'étirer dans votre direction puis de s'éloigner de vous. Avant longtemps, vous parviendrez ainsi à la voir en trois dimensions.

Si vous éprouvez des difficultés, concentrez votre attention sur la queue de la spirale et parcourez cette dernière du regard jusqu'en son centre. Faites ensuite le chemin inverse. Après avoir répété cette opération deux ou trois fois, vous devriez normalement commencer à discerner l'effet de perspective.

Ne consacrez pas plus de trois ou quatre minutes à la fois à cet exercice. Cela devrait être suffisant pour que vous en ressentiez les effets sur vos muscles oculaires. Mais si vous éprouvez une tension ou un malaise au niveau des yeux, cessez immédiatement.

2. L'EXERCICE DES COULEURS

Pour cet exercice, vous aurez besoin de petits cercles colorés (de 15 cm de diamètre) disposés au centre d'un carton blanc carré. Il est souhaitable d'utiliser le plus grand nombre possible de cercles de couleurs différentes. Fabriquez-les avec du papier à dessin, ce qui constitue un moyen efficace et peu coûteux, ou servez-vous de morceaux de tissu. Assurez-vous de disposer au moins des trois couleurs primaires: le rouge, le jaune et le bleu. Cet exercice vous sera toutefois plus profitable si vous pouvez fabriquer des cercles représentant les sept couleurs de l'arc-en-ciel: le rouge, l'orangé, le jaune, le vert, le bleu, l'indigo et le violet. L'idéal est d'employer autant de teintes que possible.

Cet exercice aidera les cônes de votre rétine à discerner des tons délicats qu'ils n'ont pas l'habitude de détecter. Installez soigneusement le carton devant vous et disposez en son centre, à tour de rôle, chacun des cercles colorés. Fixez-le de cinq à dix secondes du regard, sans forcer. Si vous savez le nom de cette couleur, dites-le mentalement. L'objectif est d'apprendre à reconnaître et à distinguer même de légères différences de tons. Faites cet exercice régulièrement. Gardez les cercles de couleur près de vous quand vous regardez la télévision, par exemple, et faites travailler vos yeux pendant les pauses publicitaires!

Lorsque vous faites cet exercice, disposez un second carton carré, entièrement blanc celui-là, à environ 30 cm du premier et au même niveau que celui-ci.

Fixez votre regard sur un premier cercle de couleur (rouge, par exemple) et essayez de le voir comme s'il s'agissait d'une balle en trois dimensions ou encore comme s'il y avait un trou coloré au centre du carré blanc. Comme pour l'exercice précédent, laissez votre regard pénétrer à l'intérieur du cercle, puis en rejaillir. Répétez cet exercice à quelques reprises, jusqu'à ce que vous sentiez votre regard aller et venir librement à l'intérieur de ce trou circulaire.

Portez maintenant votre regard sur la partie extérieure du cercle coloré et commencez à en faire lentement le tour, dans le sens des aiguilles d'une montre. Répétez cet exercice quatre ou cinq fois, puis procédez en sens inverse un nombre identique de fois. Assurez-vous que votre tête demeure immobile et que seuls vos yeux bougent.

Dès que vous aurez terminé ces mouvements de rotation, fixez le carré tout blanc du regard. Vous devriez y voir apparaître un reflet ou une image floue (voir illustration au bas de la page 59). De tels reflets n'ont rien à voir avec l'aura. Ils donnent l'impression de flotter devant le carton ou l'endroit où se pose votre regard. Ils indiquent simplement que vous avez fortement stimulé les cônes et bâtonnets de votre rétine. Faites une pause et notez vos réactions ou les effets que vous avez ressentis. Si rien de particulier ne semble se produire, recommencez avant de passer à une autre couleur.

Ce phénomène de reflet permet notamment d'observer les couleurs complémentaires. Ainsi, le cercle coloré initialement observé apparaîtra sur le carré blanc dans sa couleur opposée, qui correspond en quelque sorte à sa contrepartie astrale. Lorsqu'une vibration énergétique a des répercussions sur l'un des plans plus subtils de l'existence, sa fréquence se transforme de manière à s'harmoniser avec le niveau vibratoire de ce plan. Ainsi, ce qui est rouge dans le monde physique devient vert dans le domaine astral. Ces deux couleurs complémentaires du spectre lumineux ayant des fréquences différentes, elles sont toutes deux des expressions différentes d'une même source d'énergie se manifestant dans deux dimensions distinctes.

C'est ce qu'on appelle la loi des contraires ou l'effet miroir. Lorsque vous vous regardez dans une glace, vous voyez votre propre reflet, mais cette image est inversée. Il en est de même lorsqu'on considère les sphères plus élevées de l'existence dont fait partie le plan astral.

Souvenez-vous que tous les plans d'énergie imprègnent le plan physique et qu'ils exercent leur influence sur vous et à l'intérieur de vous. Une partie du travail qui vous permettra de voir l'aura consiste à prendre davantage conscience de ces dimensions éthérées.

Avant longtemps, vous parviendrez à voir d'autres couleurs autour des reflets mentionnés ci-dessus. Ce sera alors pour vous la preuve que vos efforts commencent à porter fruit. Il s'agira d'émanations lumineuses que vous étiez incapable de percevoir au début de cet exercice. Vous serez par la suite en mesure de les observer au moment où vous ferez l'exercice de rotation des yeux.

Fermez les yeux et laissez-les se reposer. Puis refaites l'exercice avec un nouveau cercle coloré. Soyez à l'écoute de vos perceptions. Ne vous laissez pas décourager si vous êtes incapable de voir des halos ou même des reflets de couleurs lors de vos premières tentatives. Continuez à vous entraîner et, avec un peu de patience, vous finirez par obtenir des résultats. Visualisez autant de cercles colorés que possible en l'espace de 10 à 15 minutes.

Les couleurs et leur contrepartie astrale

Rouge	Vert
Jaune-vert	Rouge-violet
Bleu	Orangé
Rouge-orangé	Bleu-vert
Jaune	Violet
Jaune-orangé	Bleu-violet

Même s'il n'est pas comme tel un élément de l'aura, le reflet que vous voyez sur le carré blanc signale qu'il y a eu stimulation de vos cônes et bâtonnets. Il peut aussi correspondre à des teintes délicates que vous n'arriviez pas à déceler au début.

L'exercice des contrastes lumineux qui suit vous permettra de voir une deuxième image autour du dessin de l'étoile. Il s'agit de l'aura de l'étoile qui deviendra progressivement visible à vos yeux.

3. L'EXERCICE DES CONTRASTES LUMINEUX

Le but de cet exercice est double. Il est destiné d'une part à stimuler et à renforcer les bâtonnets de votre rétine. Ceux-ci étant photosensibles, ils jouent surtout un rôle dans la perception de l'intensité lumineuse, tandis que les cônes vous servent principalement à distinguer les couleurs. Plus les bâtonnets sont fortement stimulés, plus vous êtes en mesure de détecter les vibrations lumineuses.

Cet exercice vise d'autre part à vous entraîner à avoir le «regard perdu» qui vous aidera à percevoir l'aura humaine. Quand vous regardez dans le vide — lorsque vous rêvassez, par exemple —, une image floue de la réalité se dessine dans

L'EXERCICE DES CONTRASTES LUMINEUX

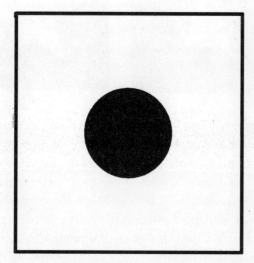

L'EXERCICE DES COULEURS

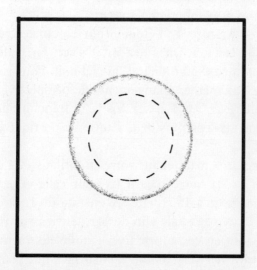

REFLET OU IMAGE INVERSÉE SUR LE CARRÉ BLANC

votre cerveau. C'est le genre de regard que cet exercice vous apprendra à développer et à maintenir et qui vous permettra de voir tout naturellement l'aura des gens.

Pour cet exercice, vous utiliserez une étoile blanche disposée sur fond noir. Le noir et le blanc obligeront vos bâtonnets à s'adapter plus rapidement aux contrastes. Vous souhaitez voir l'aura des gens uniquement quand vous en aurez envie, n'est-ce pas? Cet exercice vous aidera donc à développer votre capacité de mettre vos «yeux de l'esprit» en fonction ou hors fonction à volonté.

Fixez le centre de l'étoile. Tout en concentrant votre regard sur celle-ci, imaginez qu'il s'agit en réalité d'une trouée lumineuse au milieu d'un ciel noir. Pour vous aider, procédez aux mêmes changements de perspective que lors du premier exercice. Laissez vos yeux franchir alternativement dans un sens puis dans l'autre ce portique en forme d'étoile.

Concentrez maintenant votre attention sur le centre de l'étoile. Gardez votre regard fixé sur celle-ci et comptez lentement jusqu'à 15. Englobez ensuite du regard le fond noir qui entoure l'étoile afin de permettre à vos yeux de se reposer. Tout en cessant de fixer l'étoile elle-même, laissez votre regard dériver sur toute la surface qui l'entoure, de façon à ce que vos yeux regardent dans le vide.

Ramenez votre attention sur le centre de l'étoile. Comptez jusqu'à 15, puis détendez-vous. Observez les

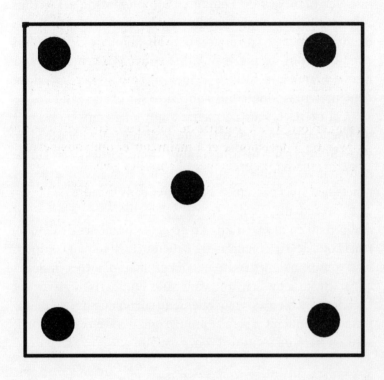

réactions de vos yeux. Vous devriez sentir vos muscles oculaires se contracter et se relâcher successivement.

Si vous éprouvez des difficultés, concentrez-vous sur une des branches de l'étoile et comptez jusqu'à 15. Puis relaxez-vous et englobez du regard toute la surface du dessin. Ramenez votre attention au point de départ puis détendez-vous de nouveau. Vous pouvez également sauter d'une branche à l'autre. Mais si vous procédez ainsi, demeurez plus longtemps concentré sur chacune d'elles.

Cet exercice vous permettra avant longtemps d'observer un phénomène intéressant. À force de regarder dans le vide, vous finirez par voir une ombre floue se dessiner sur le pourtour de l'étoile. Cette image n'a rien à voir avec les reflets que vous parveniez à discerner dans le cadre de l'exercice précédent. Peut-être ne la distinguerez-vous tout d'abord qu'en marge d'une ou deux des branches de l'étoile, mais vous devriez bientôt être à même de la voir au complet. Elle vous semblera grisâtre au début, mais d'autres couleurs apparaîtront à mesure que vous vous familiariserez avec cet exercice. Le bleu est généralement la couleur qui se manifeste en premier. Ce sera la preuve que vos «yeux de l'esprit» sont en train de s'ouvrir (voir page 50).

4. L'EXERCICE DU MOUVEMENT DES YEUX

Voici un exercice qui vous permettra de faire travailler l'ensemble de vos muscles oculaires, donnant du coup à vos yeux les moyens de détecter la lumière et les couleurs plus rapidement. Cet exercice doit être fait le plus rapidement possible, car la vitesse joue ici un rôle essentiel. Plus le mouvement de vos yeux sera vif, plus ceux-ci seront en mesure de discerner des réalités qui ne sont pas perceptibles à première vue. Un mouvement rapide des yeux engendrera une plus grande activité des cônes et bâtonnets à l'intérieur de la rétine. Plus vous ferez preuve de célérité, plus il vous sera facile de détecter les couleurs.

Commencez par l'un ou l'autre des cinq points du dessin, puis déplacez rapidement votre regard vers un des points qui lui sont opposés. Faites une pause d'au plus une seconde, puis ramenez votre regard à son point de départ. Laissez vos yeux se déplacer ainsi d'un point à l'autre. Assurez-vous d'effectuer tous les mouvements possibles: horizontaux, verticaux, diagonaux et même circulaires.

Voilà un excellent exercice qu'il convient de faire avec un seul œil à la fois aussi bien qu'avec les deux yeux simultanément. Certaines personnes ont un œil plus faible que l'autre. Cet exercice peut contribuer à fortifier un œil paresseux en obligeant les deux yeux à fonctionner au maximum de leurs capacités. Recouvrez un œil de la paume de votre main et faites l'exercice avec l'œil libre. Refaites la même chose en changeant d'œil. Recommencez ensuite avec les deux yeux à la fois.

Comme pour les exercices précédents, ne vous entraînez pas plus de dix minutes à la fois. Si vous commencez à sentir une tension au niveau de vos yeux, cessez immédiatement. N'oubliez pas que vous êtes en train de stimuler et de renforcer des muscles qui sont longtemps demeurés inactifs. Il pourrait être nocif de vouloir en faire trop à la fois. Faites preuve de patience et de persévérance et le succès viendra inévitablement. Souvenez-vous qu'il est parfaitement naturel de distinguer l'aura des gens.

LES CONDITIONS IDÉALES POUR VOIR L'AURA

Même avec l'appui des meilleures preuves scientifiques, certains doutent encore de leur capacité de voir l'aura. Je recommande souvent à ces personnes un exercice qui contribue à démontrer l'existence de l'aura et à mettre en évidence leur aptitude à la percevoir. Étendez-vous sur l'herbe dans un parc, par une journée chaude et ensoleillée. Examinez les arbres. Parcourez-les du regard depuis la base jusqu'au sommet. Voyez leur cime se découper sur le bleu du ciel. Ne forcez pas le regard. Contentez-vous de vous détendre et d'embrasser le ciel dans sa totalité. Laissez les images devenir floues, comme lorsque vous rêvassez en regardant dans le vide.

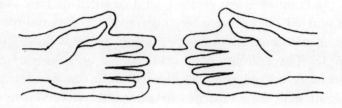

Vous constaterez bientôt qu'un léger halo entoure la cime des arbres et se détache sur le fond du ciel. Contentez-vous d'observer ce qui se passe. Vous devriez remarquer une forme d'aspect diaphane, plus pâle que le bleu du ciel, sur laquelle les arbres se découpent. On peut observer ce phénomène avec plus d'intensité au printemps, quand la sève et l'énergie vitale des arbres s'activent depuis les racines jusqu'au sommet. Il s'agit tout simplement d'une partie de l'aura des arbres!

Quelles sont au juste les conditions idéales pour voir l'aura? Les avis sont très partagés à ce sujet. Certains jugent que l'obscurité permet, par contraste, de mieux distinguer les émanations subtiles de lumière. Malheureusement, l'énergie lumineuse émise par le corps (les radiations dues aux photons) est alors aussitôt absorbée par les ténèbres. Par contre, vos bâtonnets sont obligés en pareille situation de fonctionner avec plus d'intensité afin d'adapter vos yeux à la vision de nuit. D'autres prétendent au contraire qu'un endroit fortement éclairé est préférable, car le spectre lumineux peut s'y déployer dans toute sa splendeur. La lumière vive stimule les cônes davantage; ceux-ci sont alors en mesure de détecter plus facilement les couleurs délicates aussi bien que les fortes intensités lumineuses.

J'opte pour ma part pour le juste milieu. Il me semble en effet plus convenable de commencer dans une pièce faiblement éclairée. Votre objectif n'est-il pas, après tout, de voir enfin l'aura? À mesure que votre sensibilité se développera, vous parviendrez plus facilement à identifier les diverses couleurs avec précision. C'est pourquoi je recommande aux débutants un éclairage tamisé. L'idéal pour faire ses premières expériences est de s'installer dans une pièce au moment du crépuscule. Vous devez recourir alors à votre vision de nuit. Vos bâtonnets n'ont d'autre choix que de capter et de détecter une plus grande partie des rayons lumineux, en particulier ceux qui d'ordinaire demeurent imperceptibles.

1. De la lumière tamisée, un mur blanc et dénudé ainsi qu'un morceau de carton blanc assez grand pour que votre main puisse s'y découper sont nécessaires à cet exercice.

2. Prenez le temps de vous détendre avant de commencer. Si vous maîtrisez les exercices pour les yeux, une version abrégée de ces exercices peut constituer une excellente technique d'échauffement.

3. Débutez par les mains. Étendez une de vos mains devant vous de manière à ce qu'elle soit entre 30 et 50 cm de vous. À l'aide de votre autre main, tenez le carton derrière votre première main de façon à ce que celle-ci puisse se découper sur la surface blanche.

Posez votre main à plat sur le carton. Vous percevrez ainsi plus facilement les vibrations lumineuses lorsque vous regarderez dans le vide. Au tout début, vous distinguerez un léger halo entourant votre main. Après avoir répété cet exercice pendant quelque temps, vous devriez toutefois remarquer la présence de certaines couleurs.

Étendez vos deux mains devant vous en les maintenant à environ 7 cm l'une de l'autre et commencez à les fixer du regard. Concentrez tout d'abord votre attention sur la partie supérieure de vos mains, puis incluez toute la région adjacente dans votre champ de vision en regardant dans le vide. Examinez l'espace qui se trouve entre vos mains et tout autour d'elles. Concentrez-vous, puis fixez le vide. Vous devriez bientôt commencer à distinguer l'aura de vos mains.

4. Posez une main à plat sur le carton blanc et gardez votre regard fixé sur l'extrémité de vos doigts pendant environ 30 secondes.

5. Incluez à présent toute votre main et le carton dans votre champ de vision. Fixez le vide. Au moment où votre regard se pose sur l'ensemble de votre main, vous devriez commencer à distinguer un léger halo tout autour d'elle.

6. Si vous éprouvez des difficultés, refaites certains des exercices pour les yeux tout en gardant votre main sur le carton. Faites en sorte que l'image de votre main vous semble tantôt nette tantôt floue. Suivez le contour de votre

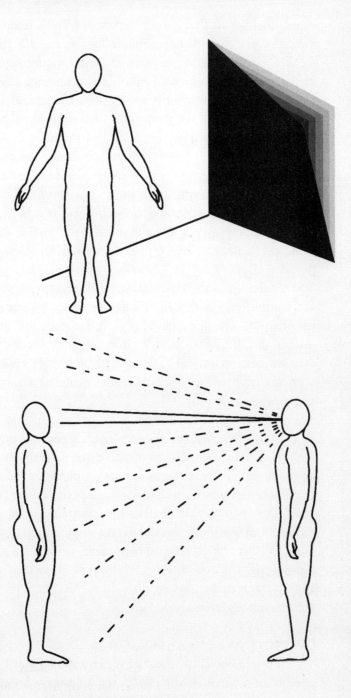

main du regard. Fixez alternativement votre main puis le vide. À force de vous entraîner, le halo se manifestera.

7. Soyez vigilant car des couleurs pourraient apparaître, même brièvement. Lorsqu'on commence ainsi à voir des traces ou des étincelles multicolores, on a souvent tendance à ne pas en tenir compte. Ne commettez pas cette erreur! À mesure que vos dons s'affineront et que vous saurez les maîtriser, vous serez en mesure de les distinguer sur une période de temps de plus en plus longue.

8. L'étape suivante consiste à vous servir de vos deux mains. Étendez-les devant vous, les paumes face à vous. Elles devraient être à la hauteur de vos yeux et distantes l'une de l'autre de 7 à 10 cm, un mur dénudé étant situé derrière elles.

9. Comme lors des étapes précédentes, concentrez votre attention sur l'extrémité de vos doigts ou sur l'espace les séparant. Gardez ainsi le regard fixe pendant 30 secondes ou plus. Puis fixez le vide en incorporant les deux mains et la surface environnante dans votre champ de vision. Tout en demeurant impassible, observez comment vos mains se découpent sur le mur.

10. Différents phénomènes sont susceptibles de se manifester. Vous pouvez apercevoir un léger halo entourant vos mains. Il est par ailleurs possible que des étincelles multicolores jaillissent, à moins qu'une couleur particulière ne se détache nettement des autres. Cela peut aussi ressembler à une de ces vagues de chaleur qui montent du sol par une chaude journée d'été. Au début, on distingue presque toujours une lueur bleu pâle ou blanc pâle, presque incolore. À mesure que vos capacités se développeront, sa couleur vous apparaîtra avec de plus en plus de netteté, et il en sera de même avec les énergies de l'aura.

COMMENT VOIR L'AURA DES AUTRES

La prochaine étape consiste à s'entraîner à voir l'aura de quelqu'un d'autre. Si vous faites régulièrement les exercices de ce chapitre, vous devriez obtenir des résultats intéressants après un mois ou deux. Tout dépend de votre persévérance et de la régularité avec laquelle vous vous entraînez.

1. Demandez à votre partenaire de se tenir debout contre un mur blanc. Au début, il est préférable de faire cet exercice dans une pièce dont la lumière est tamisée. Tenez-vous à environ 3 mètres de lui, debout ou assis à votre choix, pourvu que vous puissiez le voir de la tête aux pieds, de même qu'une bonne partie de la surface qui l'entoure.

2. Concentrez d'abord votre attention sur son front. À partir de là, décrivez un cercle du regard tout autour de son corps, dans le sens des aiguilles d'une montre. Faites-le le plus rapidement possible en parcourant ainsi plusieurs orbites autour de lui de manière à bien stimuler les cônes et bâtonnets de votre rétine.

3. Revenez au front ou au sommet du crâne de votre partenaire. Gardez votre attention à cet endroit pendant 15 à 30 secondes.

4. Fixez maintenant le vide en incorporant une bonne partie de la surface entourant votre partenaire dans votre champ de vision. Demeurez ainsi, vous contentant d'observer impassiblement ce qui se passe. L'aura qui enveloppe la tête et les épaules se détache en général très nettement. Recommencez si nécessaire. Vous êtes à la veille de voir l'aura de vos semblables! (Voir illustration à la page 67.)

CHAPITRE 4

······················

MESURER L'AURA

Il existe quantité de nouveaux appareils électroniques qui permettent de mesurer le champ d'énergie entourant le corps humain, mais ils ne sont pas, pour la plupart, à la portée de toutes les bourses. Ce qui ne signifie pas qu'il vous faille renoncer pour autant à déterminer l'étendue de votre aura. Il est en effet possible de procéder à une telle estimation avec un très haut degré de précision grâce à certains instruments que tout un chacun peut fabriquer aisément et qui reposent sur le principe de la radiesthésie.

La radiesthésie est un procédé de détection qui permet de mesurer les radiations énergétiques. Elle fait appel à des appareils de mesure destinés à évaluer l'intensité de certaines radiations. C'est en fait un moyen de rendre plus facilement observables les réactions imperceptibles du système nerveux aux énergies subtiles. Les instruments les plus couramment utilisés en radiesthésie sont la baguette du sourcier et le pendule.

Grâce à eux, vous pourrez entrer en rapport avec les sphères de votre esprit capables de détecter les champs d'énergie subtile. Nous avons déjà vu qu'il se produit constamment des échanges entre notre corps et les forces qui nous environnent. Mais nous n'en prenons pas toujours conscience ou refusons d'admettre que de telles influences réciproques existent. Baguettes et pendules vous permettront d'établir le contact avec les parties de votre être qui perçoivent ces interactions.

Ces instruments vous mettront en communication avec votre subconscient, qui est en mesure de détecter tous les liens qui se créent entre vous et votre milieu environnant, quelle que soit leur finesse. Grâce à eux, vous décuplerez votre pouvoir de perception. Ils deviendront le prolongement de vos yeux et seront le lien entre votre système nerveux (ainsi que le subconscient qui œuvre par l'intermédiaire de ce dernier) et les champs d'énergie avec lesquels vous entrerez en contact.

L'apparition de ces deux instruments de mesure remonte à des temps immémoriaux. Bien qu'assimilés souvent à de simples instruments divinatoires, la baguette et le pendule sont employés dans de nombreuses sphères d'activités réputées pour leur conservatisme. On s'en est notamment servi en temps de guerre pour détecter mines, tunnels souterrains, etc. Certaines compagnies de services publics familiarisent leurs techniciens avec ces procédés, de manière à ce qu'ils puissent déterminer sans se tromper les lignes ayant besoin de réparation. Même si certains seraient tentés de se moquer à l'idée que ces techniques ancestrales puissent encore servir à de tels usages, sachez que des équipements et des méthodes scientifiques modernes permettent sans cesse de vérifier leur fiabilité.

Votre conscience supérieure communique avec vous en vous envoyant des signaux par l'intermédiaire de votre système nerveux. Les instruments du radiesthésiste (dont la baguette divinatoire et le pendule) servent à amplifier ces signaux qu'il vous est par la suite loisible de détecter et d'interpréter. Si vous les mettez à votre disposition, ils deviendront pour vous des moyens supplémentaires de percevoir les énergies subtiles de la vie.

COMMENT FABRIQUER VOS PROPRES BAGUETTES DIVINATOIRES

Dès qu'il est question de baguette de sourcier, l'image qui vient à l'esprit de la plupart des gens est celle d'un homme se promenant dans un champ, les deux extrémités d'une branche d'arbre en forme de «Y» entre les mains, à la

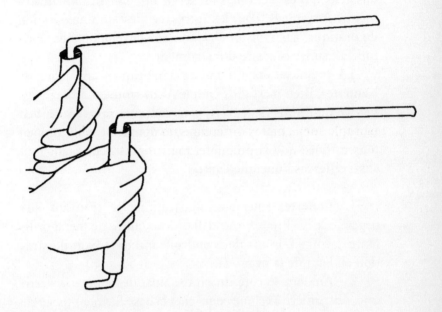

BAGUETTES DE SOURCIER COURANTES

recherche d'une source ou de métaux enfouis dans le sol. Or, il existe bien d'autres applications à cette technique. Un bon sourcier peut non seulement détecter des champs d'énergie difficilement perceptibles, mais également obtenir des réponses à certaines questions.

Les baguettes divinatoires permettent d'établir un lien avec la partie intuitive de votre être. Elles peuvent être le prolongement de vos yeux en vous fournissant des indices visuels facilement identifiables. Ces baguettes n'ont aucun pouvoir exceptionnel en elles-mêmes. Elles ne sont que des outils conçus pour accroître votre sensibilité.

COMMENT VOIR ET INTERPRÉTER L'AURA

Bien qu'il en existe différents types, les baguettes de sourcier traditionnelles, faites à partir d'une branche de saule, sont les plus connues. Il est toutefois très facile d'en fabriquer qui soient tout aussi efficaces. Environ la moitié des gens qui essaient de s'en servir obtiennent immédiatement des résultats. Pour les autres, ce n'est qu'une question de pratique, car tout un chacun peut développer son aptitude à manier ce genre d'instrument.

La première étape consiste à fabriquer une paire de baguettes. Rien n'est plus simple. Vous trouverez chez vous tout ce qu'il vous faut. Nous vous indiquerons comment en fabriquer deux paires différentes, la deuxième étant un peu plus raffinée que la première, mais toutes deux étant tout aussi efficaces l'une que l'autre.

1. Reportez-vous aux illustrations se trouvant aux pages 75 à 77. Prenez tout d'abord un cintre de métal ordinaire et coupez-le aux deux endroits indiqués (voir illustration au haut de la page 75).

2. Amenez le côté du cintre ainsi découpé à la verticale, de manière à ce que celui-ci et la base forment un angle droit.

3. Prenez ensuite une mince feuille de carton de 7 à 15 cm de côté et roulez-la de manière à former un tube que vous glisserez sur la partie verticale du cintre (voir illustration à la page 76). Assurez-vous que le tube soit le plus rigide possible, mais sans serrer la tige, afin que subsiste un jeu entre les deux. Appliquez du ruban adhésif sur le tube pour ne pas qu'il se défasse.

4. Insérez la tige verticale du cintre dans le tube (voir illustration au haut de la page 77). Ce sera la poignée de votre baguette. Assurez-vous qu'au moins 2,5 cm de tige dépassent de la poignée. Si ce n'est pas le cas, taillez le tube en conséquence.

5. Recourbez le bout de tige excédentaire de manière à ce que la poignée ne puisse sortir lorsque les baguettes seront en position normale (voir illustration au bas de la page 77).

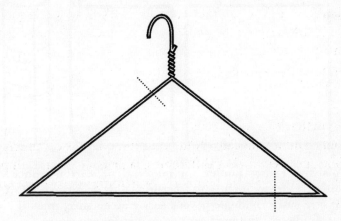

Première étape: Utilisez un cintre métallique ordinaire et coupez-le aux endroits indiqués.

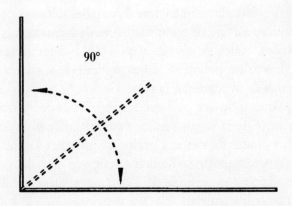

Deuxième étape: Ramenez le côté du cintre à la verticale, de façon à ce qu'il forme un angle droit par rapport à sa base.

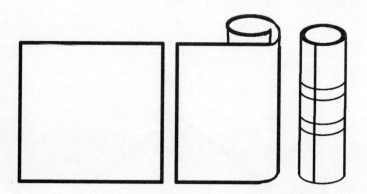

Troisième étape: Roulez un morceau de carton mince de manière à former un tube et fixez-le à l'aide de ruban adhésif. Il doit être assez rigide pour vous servir de poignée, mais il doit pouvoir glisser librement sur la tige verticale du cintre.

6. Recommencez chacune des étapes décrites ci-dessus de manière à avoir en main une paire de baguettes. Une fois terminées, celles-ci devraient pouvoir bouger librement à l'intérieur des poignées. Elles devraient ressembler aux baguettes représentées à la page 73.

7. Vous pouvez, si vous le désirez, lester d'un poids l'extrémité de la baguette afin de lui donner plus de stabilité. Un plomb de canne à pêche devrait faire l'affaire. Une fois votre baguette terminée, tenez-la par la poignée. Bougez la tige horizontale afin de vous assurer qu'elle peut se déplacer librement.

8. Il arrive parfois que la base des cintres provenant de chez le nettoyeur soit recouverte d'un tube de carton. Si tel est le cas, utilisez-le. Il formera une poignée solide tout en donnant à la tige horizontale une grande liberté de mouvement.

9. Il est possible de construire un modèle de baguettes un peu plus raffiné à l'aide de matériaux que vous trouverez

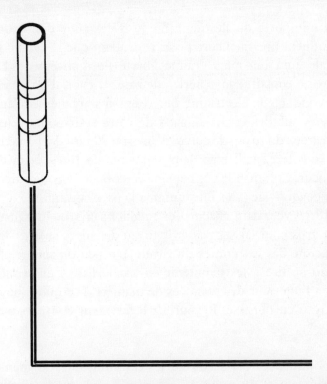

Quatrième et cinquième étapes: Insérez la tige verticale à l'intérieur du tube de carton tout en vous assurant qu'au moins
2,5 cm de tige dépassent. Recourbez ce bout excédentaire à angle
droit afin que la poignée reste en place lorsque vous la
retournerez à l'endroit.

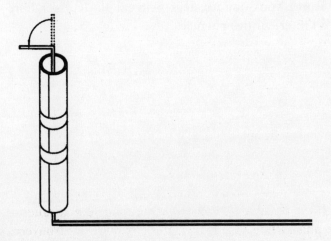

dans n'importe quelle quincaillerie. Elles vous donneront notamment une meilleure prise, cependant que la tige horizontale aura une plus grande liberté de mouvement. Le cuivre en constitue le matériau de base. Il s'agit d'un excellent conducteur électrique, qui réagit instantanément aux énergies subtiles et aux signaux de votre système nerveux. Demandez du tuyau de cuivre d'environ 20 mm de diamètre que vous ferez tailler en deux segments de 10 à 12 cm de longueur. Commandez également deux bouchons de cuivre pour chaque tige (voir illustration à la page suivante).

10. Percez dans chacun des bouchons un trou tout juste assez gros pour laisser passer le tuyau de cuivre et fixez-les à chacune des extrémités du tuyau. Un peu de supercolle devrait suffire à les maintenir en place. Faites glisser les tiges à l'intérieur des poignées de manière à ce qu'un bout de tuyau en dépasse. Recourbez légèrement et vous voilà prêt!

Commencez par recouvrir les extrémités des segments les plus courts du tuyau à l'aide des bouchons de cuivre. Percez des trous dans ces derniers afin que la tige puisse s'y insérer adéquatement.

Fixez les bouchons aux poignées de cuivre. Faites glisser les baguettes dans les poignées et vous voilà prêt à les utiliser. Assurez-vous que les tiges peuvent se déplacer librement à l'intérieur des poignées.

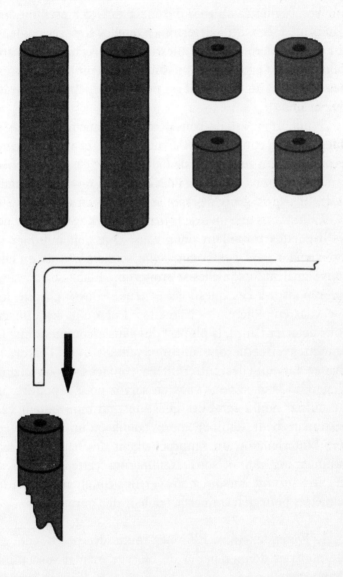

COMMENT MESURER L'AURA À L'AIDE DES BAGUETTES

Vos baguettes vous serviront à détecter et à mesurer l'aura, de même qu'à déterminer quelles sont ses couleurs. (Nous aborderons cette question au prochain chapitre.) Elles peuvent également vous aider à obtenir des réponses à des questions auxquelles il est possible de répondre par oui ou par non.

L'important est de considérer les baguettes comme un intermédiaire entre votre système nerveux et votre subconscient, lequel est au courant de tout ce qui se passe à l'intérieur et autour de vous. Le secret de leur emploi est de se détendre et de décider du genre de réponse que vous en attendez.

Faites-vous une idée de la manière dont vous voulez que les baguettes travaillent pour vous. Que doit indiquer un mouvement vers l'extérieur? Que souhaitez-vous qu'elles vous signalent lorsqu'elles se croiseront? Établissez d'avance vos réponses à ces questions et tenez-vous-y chaque fois que vous emploierez les baguettes. Lorsqu'ils les utilisent pour détecter l'aura, la plupart des gens escomptent que les baguettes effectueront un mouvement vers l'extérieur chaque fois qu'elles entreront en contact avec un champ d'énergie. Mais si vous vous en servez pour répondre par oui ou par non à certaines questions, un mouvement vers l'extérieur peut signifier «non» tandis qu'un mouvement vers l'intérieur ou un rapprochement des baguettes peut indiquer un «oui». (Nous examinerons cette question au chapitre suivant, lorsque nous verrons comment utiliser les baguettes pour déterminer la couleur de l'aura.)

1. Détendez-vous. Éliminez toute idée préconçue, car elle pourrait donner lieu à un blocage mental susceptible d'empêcher les baguettes de fonctionner. Gardez simplement à l'esprit que vous désirez mesurer l'aura et que vous souhaitez voir les baguettes se déplacer vers l'extérieur lorsqu'elles entreront en contact avec un champ d'énergie. (Certains préfèrent que les baguettes se croisent en pareil cas. Il s'agit là d'une simple question de préférence person-

nelle. Assurez-vous simplement du genre de réaction que vous attendez des baguettes avant de commencer.) Relaxez-vous et laissez les baguettes agir pour vous.

2. Tenez les baguettes délicatement dans vos mains, juste devant vous, à hauteur de vos épaules. Elles devraient pouvoir effectuer un cercle complet sans toucher aucune partie de votre corps.

3. Demandez à votre partenaire de se tenir à environ 10 mètres de vous. Les baguettes devraient pointer droit devant vous au moment de débuter.

4. Avancez d'un pas lent et régulier vers votre partenaire. Les baguettes réagiront au moment où vous croiserez son aura. Vous saurez alors où se situe la limite extérieure de cette dernière. Vous pourrez à partir de là décrire un cercle complet autour de lui, car la limite de son champ d'énergie est la même dans toutes les directions.

5. Cela signifie que votre ami devrait être en mesure de détecter le moment où quelqu'un ou quelque chose traverse cette frontière invisible. Il devrait pouvoir sentir chaque fois que quelqu'un pénètre dans l'espace que vous venez de délimiter.

6. Continuez à vous exercer avec les baguettes en mesurant l'aura de vos amis et de vos animaux de compagnie. Demandez à votre partenaire de tenir un cristal quelques instants dans ses mains puis prenez une nouvelle mesure. Y a-t-il une différence? Est-elle significative? Faites des essais avec d'autres pierres. Demandez à votre ami de se déchausser et recommencez l'exercice. Remarquez-vous une différence? Mesurez l'aura de votre ami après qu'il aura encerclé un arbre de ses bras. Après qu'il aura mangé du chocolat. Pendant qu'il tient une pomme dans ses mains. Quelle différence notez-vous s'il tient plutôt une friandise? Demandez-lui d'écouter de la musique agressive et saccadée puis refaites vos mesures. Qu'advient-il de son aura? Demandez-lui à présent d'écouter de la musique classique et voyez la différence. Essayez différents parfums. Faites des expériences et apprenez tout en vous amusant.

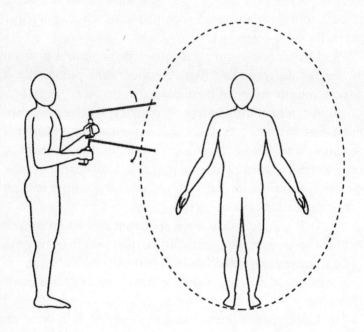

Comment mesurer l'aura de quelqu'un
Tenez-vous à environ 10 mètres de la personne. Tout en tenant les baguettes devant vous, approchez-vous d'elle d'un pas lent et régulier. Les baguettes réagiront au moment où vous croiserez son aura. C'est à cet endroit que se trouvera la limite extérieure de son champ d'énergie. À partir de là, tracez tout autour de votre partenaire un cercle dont vous mesurerez l'étendue.

À force de vous exercer avec vos baguettes, vous observerez que certains éléments se répètent. Vous recevrez confirmation que certaines choses sont bénéfiques à votre aura alors que d'autres ne le sont pas. Vous commencerez à percevoir les influences subtiles qui s'exercent sur vous et à refaire connaissance avec votre être véritable.

LE PENDULE

Les baguettes divinatoires sont généralement considérées comme les précurseurs du pendule, mais celui-ci fonctionne selon le même principe. Il entre toutefois en interaction avec un type bien particulier de champ d'énergie, puisque son fonctionnement est régi par les lois de la bioélectricité. Par ailleurs, tout comme les baguettes, le pendule n'a aucun pouvoir en soi.

Nous avons vu que votre subconscient communique avec vous par l'intermédiaire de votre système nerveux. Comme votre aura vous entoure de tous les côtés à la fois, elle est donc sensible à tout ce qui se produit autour de vous. Votre cerveau, lui, n'est généralement conscient que de ce qui attire son attention et des perceptions de vos cinq sens que sont la vue, le toucher, le goûter, l'odorat et l'ouïe. Or, la peau constitue l'un des plus grands organes sensoriels que vous possédiez. Elle perçoit un grand nombre de phénomènes souvent imperceptibles par vos autres sens. Si vous ne comptez que sur vos cinq sens pour découvrir votre environnement, vous risquez de passer à côté des mouvements subtils de la vie. Le subconscient, lui, est au courant de toutes les interactions qui se produisent au sein de votre champ d'énergie, y compris celles qui échappent à vos sens physiques. Il enregistre ces informations auxquelles vous pouvez avoir aisément accès par différents moyens comme la méditation, l'hypnose et d'autres techniques destinées à élever votre niveau de conscience, dont la radiesthésie.

Pour bien saisir de quoi il retourne, il importe de comprendre le fonctionnement du subconscient, qui diffère de celui de la conscience. Celle-ci étant le siège de la bonne marche de l'activité cérébrale, elle gère les perceptions et les expressions sensorielles. Lorsque vous vous concentrez sur une activité, votre cerveau émet des ondes électriques. On utilise généralement l'expression «ondes bêta» pour décrire les ondes émises par le cerveau lorsqu'il est en état de veille. Or, à force de s'identifier à leurs facultés intellectuelles, les gens en sont venus à nier l'existence des énergies subtiles de la vie ou à ne pas tenir compte des sensations que celles-ci leur procurent.

Les ondes alpha se manifestent quant à elles lorsque le cerveau est en état de relaxation; leur fréquence est d'environ 10 cycles par seconde[1]. Plus vous êtes détendu, plus votre activité cérébrale ralentit et plus vous êtes en état de réceptivité. Nous contrôlons consciemment à peine 10 p. 100 des activités de notre cerveau et de notre corps. Il en résulte que, si vous souhaitez avoir accès aux informations cachées au fond de vous, vous devez apprendre à vous relaxer afin d'entrer d'abord en relation avec votre subconscient.

Le subconscient contrôle le système nerveux autonome. Ce dernier règle le fonctionnement des organes vitaux et des muscles involontaires. Nous ne sommes normalement pas conscients de son action, qui consiste à régulariser les activités nécessaires à la vie, à la reproduction et même à la survie, dont celles de l'estomac, des poumons, des intestins, du cœur, du foie, des appareils excréteurs, des organes reproducteurs ainsi que des formes supérieures de perception.

Le système nerveux autonome fait partie du système nerveux central. Ce dernier assure la coordination des organes sensoriels, des muscles et des glandes. Ainsi, si vous vous piquez le doigt avec une aiguille, un message provenant de vos organes du toucher est envoyé à votre

---

1. Silverman, Robert, *Psychology*, Meredith Corporation, New York 1971, p. 185.

cerveau, puis à une glande qui vous incite à exprimer votre mécontentement.

La peau est un organe très sensible, capable de détecter les énergies subtiles qui nous entourent et qui sont en interaction constante avec le champ d'énergie émanant de la peau et du corps tout entier. Chaque fois, un message est envoyé à notre corps et à notre cerveau, mais nos réactions à ces impressions délicates ne sont pas toujours évidentes. Le message ne se perd pas pour autant, et il est toujours possible d'en prendre connaissance, un peu comme lorsque vous écoutez un message enregistré sur votre répondeur téléphonique. Il suffit simplement de savoir comment fonctionne l'appareil. C'est ici que baguettes et pendule entrent en action.

Le système nerveux demeure un grand mystère, mais nous savons néanmoins qu'il s'agit d'un système de communication très efficace et très sensible. Il est en contact permanent avec notre subconscient et avec nos perceptions internes. Baguettes et pendule ont pour fonction d'amplifier le signal émis par le système nerveux à destination d'un muscle involontaire, permettant ainsi d'obtenir une réponse nette et précise.

On estime que le subconscient régularise 90 p. 100 des fonctions du corps et du cerveau. Il est également le foyer des formes supérieures de perception et d'intuition (qui ne passent pas par l'intermédiaire des organes sensoriels habituels), de la mémoire, de la créativité et des idées abstraites.

Le système nerveux envoie des signaux et des impulsions électriques qui provoquent le balancement du pendule. Ce mécanisme résulte d'une action dite «idéomotrice», c'est-à-dire qu'elle est déclenchée par une représentation mentale du mouvement en question. Il est dû à l'action des muscles involontaires stimulés par le subconscient par l'intermédiaire du système nerveux sympathique. Les messages imperceptibles que reçoit l'aura sont emmagasinés à l'intérieur du système nerveux. Les techniques divinatoires font en sorte de décoder ces messages, lesquels se présentent sous forme d'impulsions électriques provoquant une réaction des muscles involontaires qu'il est ensuite possible de détecter grâce aux mouvements du pendule. Ce dernier sert par conséquent de simple intermédiaire entre le conscient et le subconscient.

Vous pouvez fabriquer sans peine votre propre pendule. Vous aurez besoin pour ce faire d'objets qu'on trouve habituellement chez soi ou dans un grand nombre de magasins. Boutons, anneaux ou cristaux feront parfaitement l'affaire en tant qu'éléments de base de votre pendule. Il est toutefois préférable qu'ils soient ronds, cylindriques ou sphériques, car leur symétrie contribuera à en accroître l'efficacité. Il suffit d'attacher l'objet en question au bout d'une ficelle, d'un fil, d'une chaînette, etc., de manière à ce qu'il pende librement et réagisse aisément en présence d'énergies subtiles. Un pendule agit comme un amplificateur. Vous en trouverez quatre modèles courants sur la page ci-contre.

Il est facile d'apprendre à se servir d'un pendule. Il vous suffit de prendre le temps de vous exercer dans un endroit tranquille et de vous détendre. Évitez de laisser vos émotions intervenir, car elles court-circuiteraient le processus bioélectrique en cause.

1. La première étape consiste à se familiariser avec le pendule. Assoyez-vous confortablement devant une table ou un bureau. Posez vos pieds à plat sur le sol et appuyez un coude contre la surface de la table.

2. Tenez le pendule par la corde ou la chaînette, entre le pouce et l'index. Laissez-le pendre simplement pendant une minute ou deux. Commencez à le faire tourner délicatement dans le sens des aiguilles d'une montre. Faites-le ensuite se déplacer d'un côté à l'autre, d'avant en arrière puis en diagonale. Le but de cet exercice est de vous permettre de vous habituer à votre pendule.

Faites vos premières expériences de cette manière. Un
imperceptible mouvement musculaire suffit à faire bouger

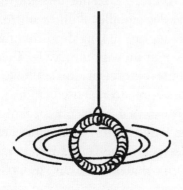

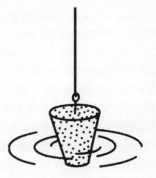

Un simple anneau au bout
d'une ficelle

Un bouchon de liège, une aiguille
et un fil

Pendule formé d'un cristal de quartz

Une croix au bout d'une chaînette

le pendule. Vous découvrirez bientôt, comme nous le ver-rons au point 8, que vous pouvez même y arriver sans faire d'efforts conscients. Amenez le pendule au repos. Prononcez mentalement cet ordre: «Effectue un mouve-ment de rotation dans le sens des aiguilles d'une montre.» Imaginez que votre pensée se déplace le long de votre bras puis de la chaînette, jusqu'au bout du pendule. Ne le faites pas bouger vous-même! Ne faites intervenir que le proces-sus de vos pensées. Lorsqu'il commencera à osciller, dites-lui mentalement: «Arrête.» Voyez s'il vous obéit. Soyez patient. Souvenez-vous que vous faites intervenir des impulsions électriques émises par votre cerveau et cana-lisées par votre système nerveux, lequel fait réagir vos mus-cles involontaires.

3. Vous devez à présent spécifier à votre pendule quelles réactions vous attendez de lui. C'est un peu comme si vous programmiez un ordinateur. Vous lui dites quel genre de réponses vous souhaitez obtenir de lui. Vous devez en effet être capable de comprendre le sens de ses mouvements lorsque vous lui posez une question. Pour cela, faites savoir à votre subconscient quel genre de déplacements vous aimeriez voir se produire. Vous trouverez à la page ci-contre deux exemples de programmation que vous pouvez utiliser. Servez-vous de cette illustration ou reproduisez-la.

Faites d'abord un essai avec les deux lignes entrecroisées représentées dans la partie supérieure de l'illustration. Posez le schéma à plat sur une table et laissez le pendule pendre en plein centre. Affirmez tout haut: «Quand je poserai une question dont la réponse est positive, le pen-dule se déplacera (indiquez la direction)» (dans ce cas-ci: d'avant en arrière, le long de l'axe vertical). Faites bouger lentement le pendule dans la direction indiquée tout en répétant cet énoncé.

Cet exercice vous permet de choisir les mots que vous comptez employer au cours du processus de communica-tion. Faites des tests. Posez-vous une question dont vous savez pertinemment que la réponse est positive mais, cette

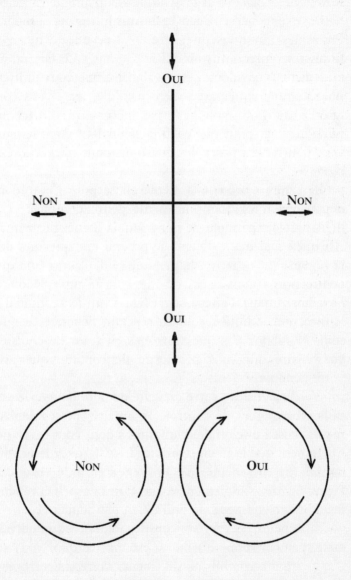

fois-ci, ne déplacez pas le pendule volontairement. Laissez votre système nerveux agir et fournir lui-même la réponse. Posez des questions du genre: «Est-ce que je m'appelle (dites votre prénom)?» ou «Ai-je ___ ans?» Ce faisant, non seulement vous adoptez le vocabulaire que vous utiliserez pour communiquer avec votre pendule, mais vous constaterez qu'il ne vous est pas nécessaire d'intervenir physiquement pour que celui-ci se déplace. Avec le temps vous pourrez lui poser des questions dont vous ignorez la réponse.

4. Faites à présent la même chose pour une réponse négative, en reprenant le même genre d'énoncé et en déplaçant le pendule le long de la ligne horizontale. Affirmez tout haut: «Quand je poserai une question dont la réponse est négative, le pendule se déplacera (indiquez la direction)» (dans ce cas-ci: d'un côté à l'autre, le long de l'axe horizontal). Faites bouger lentement le pendule dans la direction indiquée, tout en répétant l'énoncé en question. N'oubliez pas que vous êtes en train de choisir le vocabulaire qui vous permettra de communiquer avec votre pendule.

Vérifiez ensuite votre capacité de faire bouger le pendule sans exercer de contrôle volontaire sur ses déplacements. Posez une ou deux questions dont vous savez pertinemment que la réponse est négative. Laissez le pendule osciller par lui-même. Ne lui venez en aide en aucune façon. Gardez simplement la question à l'esprit et répétez-la au besoin. Le pendule finira bien par bouger.

5. Répétez cet exercice tous les jours, cinq minutes de suite, pendant une semaine. C'est tout ce qu'il vous sera nécessaire d'accomplir afin d'amener votre subconscient à déplacer le pendule comme vous le souhaitez.

6. Vous pouvez si vous le désirez imprimer à votre pendule des mouvements de rotation circulaire plutôt que des mouvements rectilignes. Voyez à ce sujet l'illustration qui se trouve à la partie inférieure de la page précédente. Une rotation dans le sens des aiguilles d'une montre correspond

se positive, une rotation dans le sens contraire d'une montre équivaut à une réponse négative.

fois que vous aurez programmé adéquatement e, soyez attentif non seulement à la direction de ...ents, mais également à leur intensité et à leur rapidité. Ces derniers renseignements ont une grande importance. Ils vous indiquent jusqu'à quel point vous devriez tenir compte de la réponse qui vous est donnée.

8. Vérifiez la fiabilité de votre pendule dès que vous commencez à le programmer. Afin de vous assurer qu'il peut se déplacer sans votre aide consciente, faites une démonstration à l'aide des lignes entrecroisées. Appuyez votre coude confortablement contre une surface plane. Laissez pendre le pendule et pensez au mot «oui». Répétez ce mot dans votre esprit et parcourez du regard la ligne identifiée par les «OUI». Faites-le jusqu'à ce que le pendule commence à se déplacer de lui-même le long de cette ligne. Votre attente ne devrait pas durer plus d'une ou deux minutes. Demeurez calme et détendu.

À présent, pensez au mot «arrête». Lorsque le pendule aura cessé de bouger, recommencez l'opération, mais en pensant au mot «non» et en vous servant de la ligne identifiée par les «NON». Faites la même chose en utilisant cette fois-ci les cercles identifiés par un «OUI» et par un «NON». Vous apprendrez ainsi à déplacer le pendule simplement par la pensée.

9. Vous devez apprendre à poser des questions dont les réponses sont positives ou négatives. Plus vos questions seront précises, meilleures seront les réponses. Ainsi, certaines personnes demandent à leur pendule si tel ou tel aliment est comestible. Il est possible que la réponse soit positive. Mais si la question était formulée de façon différente (par exemple: «Cet aliment est-il bon pour ma santé?»), le pendule pourrait très bien fournir une réponse négative. Faites-en l'expérience. Posez-vous des questions dont la réponse ne peut être qu'un «oui» ou un «non» ferme:

- Ai-je vécu dans une vie antérieure?
- Vais-je obtenir une promotion cette semaine?
- Ai-je eu des expériences de perception extrasensorielle auparavant?
- Mon rêve me transmet-il un message inconscient?
- Est-ce que _____ va m'appeler ce soir?
- Est-ce que je possède une âme?
- Devrais-je entreprendre de nouvelles études?

10. Il est important de ne pas laisser vos émotions interférer dans le processus. Certaines personnes sont incapables de se relaxer, de sorte que le pendule ne leur répond que ce qu'elles veulent entendre. Si vous vous détendez et si vous mettez vos sentiments de côté le plus possible, les réponses deviendront de plus en plus précises. Plus vous tiendrez votre moi conscient en dehors de vos démarches, plus vos perceptions seront fortes. Souvenez-vous que les ondes alpha — qui se manifestent quand vous êtes détendu — contribuent à accroître votre sensibilité aux interactions qui se produisent entre les énergies subtiles et votre aura. Lorsque vous êtes en bêta — c'est-à-dire lorsque vous êtes conscient —, vos perceptions sont généralement limitées à ce que vous transmettent vos cinq sens.

COMMENT VÉRIFIER L'AURA À L'AIDE DU PENDULE

Il n'est pas aussi facile de déterminer l'étendue de l'aura avec le pendule qu'avec les baguettes, mais ce n'est pas impossible. Il existe en fait deux manières d'y parvenir, l'une pouvant servir à renforcer l'autre.

La première consiste à procéder à l'aide de questions. Utilisez pour ce faire les dessins du «oui» et du «non». Posez-vous des questions concernant l'étendue de votre aura. «Mon aura mesure-t-elle entre 5 et 7 mètres?» «Mon aura mesure-t-elle entre 3 et 5 mètres?» «La taille de mon aura se situe-t-elle entre 0 et 3 mètres?» Commencez par des questions de nature plus générale comme celles-là, puis posez des questions plus spéci-

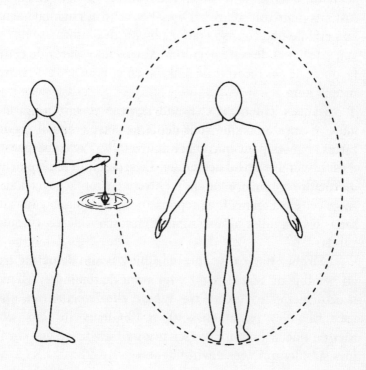

COMMENT MESURER L'AURA À L'AIDE D'UN PENDULE

Même si cette méthode n'est pas aussi facile ou aussi rapide qu'avec des baguettes, elle demeure tout aussi efficace. Approchez-vous de votre partenaire un pas à la fois. Faites une pause et laissez votre pendule marquer un temps d'arrêt avant de le laisser répondre à vos questions. Il est suggéré de demander au pendule de faire un mouvement dans le sens des aiguilles d'une montre lorsqu'il entre en contact avec le périmètre extérieur de l'aura de cette personne.

fiques. «Mon aura mesure-t-elle 4 mètres?» «Mon aura mesure-t-elle 3 mètres?»

La seconde méthode se rapproche de celle ayant servi dans le cas des baguettes. Demandez à votre partenaire de se tenir à environ 7 mètres de vous. Prenez quelques instants pour vous relaxer. Dites-vous et dites mentalement au pendule que vous souhaitez obtenir des informations au sujet de l'aura de cette personne. Vous vous assurez de cette façon de ne pas recevoir de renseignements au sujet de votre propre aura.

Avancez lentement et graduellement vers votre partenaire. Étant donné que vous déplacez votre corps, il y a de fortes chances pour que le pendule oscille. Par conséquent, il est préférable de lui demander d'effectuer un mouvement de rotation circulaire lorsqu'il entrera en contact avec l'aura de cette personne. Une réponse positive (rotation dans le sens des aiguilles d'une montre) est considérée comme valide.

Marquez une pause après chaque pas afin de permettre au pendule de se mettre à l'arrêt avant de répondre. Même si cette méthode n'est pas très rapide, elle demeure très efficace. Elle n'est pas exacte à 100 p. 100, mais elle vous permet de mieux prendre conscience de l'existence des énergies subtiles qui vous environnent.

CHAPITRE 5

....

LES COULEURS DE L'AURA
ET LEUR SIGNIFICATION

Les couleurs sont étroitement liées à notre vie de tous les jours. En plus de nous affecter, elle expriment ce que nous sommes. Elles décrivent notre santé physique, nos états d'âme, nos attitudes et même nos expériences spirituelles. Écoutez les gens parler et vous remarquerez à quel point les couleurs font partie de leur vocabulaire de tous les jours.

«Elle voit la vie en rose depuis qu'elle a fait sa connaissance.»
«Il est devenu rouge de colère.»
«Il broie du noir en ce moment.»
«Ils en sont verts de jalousie.»
«Il rit jaune à présent.»
«Ce sont des gens en or.»

La couleur est une des propriétés de la lumière. Lorsque celle-ci se décompose en différentes longueurs d'onde, comme lorsqu'on fait passer les rayons du soleil à travers un prisme, elle donne les sept couleurs de l'arc-en-ciel, qui ne représentent qu'une infime portion du spectre lumineux. Il existe en effet une variété infinie de tons et de couleurs.

L'énergie de l'aura s'exprime sous forme de lumière et de couleurs. La couleur, son éclat et l'endroit où elle se trouve fournissent autant des indications sur la santé physique et mentale que sur l'équilibre émotif et l'évolution spirituelle d'une personne. Les exercices contenus dans ce livre vous permettront peu à peu de discerner clairement les couleurs de l'aura. Mais d'ici là, rien ne vous empêche d'utiliser baguettes et pendule afin de les identifier. Déterminer les couleurs de l'aura constitue d'ailleurs la partie la plus facile de l'expérience, le plus difficile étant en effet d'en comprendre la signification et de les interpréter correctement.

Nous sommes tous sensibles à la couleur, de même qu'aux sensations que nous en éprouvons. Nous n'y prêtons tout simplement pas beaucoup d'attention en général. Il nous est tous arrivé un jour de nous inquiéter au sujet d'un(e) ami(e) qui avait le «teint» un peu pâle. Nous n'avons pas non plus manqué de remarquer à quel point la couleur d'une robe ou d'une chemise peut mettre une personne en valeur ou au contraire la faire paraître sous un mauvais jour. Bien souvent ces perceptions ne sont que le reflet des impressions que l'aura de cette personne laisse sur nous, mais nous n'en sommes pas conscients.

Diverses couleurs traduisent des attitudes, des états d'esprit et des vibrations énergétiques différents. Il est possible d'établir de façon générale ce qu'expriment certaines couleurs, mais il ne faut jamais oublier qu'une même couleur comporte une infinité de nuances. Ainsi, il existe divers tons de jaune, de vert, etc. Il faut du temps et de la pratique avant d'avoir une bonne idée de leurs multiples significations.

Lorsqu'on détermine les couleurs de l'aura, il importe de garder certains principes fondamentaux à l'esprit:

1. Les teintes situées près du corps sont généralement révélatrices de la condition physique d'une personne et des énergies de nature physique qu'elle dégage. Les couleurs situées dans la partie extérieure de son aura correspondent davantage aux énergies d'ordre émotionnel, mental et spirituel susceptibles de l'affecter sur le plan physique.

2. Si les couleurs sont franches et de ton pastel, c'est bon signe. Si au contraire elles sont ternes et opaques, elles peuvent indiquer un déséquilibre, de l'hyperactivité ou d'autres troubles liés aux régions du corps où elles se trouvent.

3. Des tons foncés mais scintillants peuvent signaler des niveaux d'énergie élevés. Ce n'est pas nécessairement mauvais signe et il vaut mieux éviter de sauter trop rapidement aux conclusions.

4. L'aura contient souvent plus d'une couleur, chacune exprimant des réalités différentes. Vous devez apprendre comment ces différentes couleurs influent les unes sur les autres et quels effets combinés elles peuvent avoir. Encore une fois, seuls le temps et la pratique vous aideront à cet égard.

5. Lorsque vous commencerez à voir l'aura des autres, gardez à l'esprit que votre perception se fait à partir de votre propre aura. Votre interprétation des faits sera donc fonction de la connaissance que vous avez de cette dernière. Les exercices pour les yeux que nous avons vus précédemment vous aideront à distinguer votre aura dans une glace. Si celle-ci est essentiellement jaune et que celle de la personne examinée est bleue, vous risquez de voir cette dernière en vert, puisque cette couleur résulte de la combinaison du jaune et du bleu. Le subconscient, qui n'ignore pas cet état de fait, procède souvent aux ajustements nécessaires, mais vous devez néanmoins éviter de sauter aux conclusions.

6. Il est capital de ne pas porter de jugements de valeur sur les gens à partir de votre perception de leur aura. Vos observations et l'interprétation que vous en donnez dépendent en très grande partie de votre propre état d'esprit. Prenez en compte les aspects favorables aussi bien que défavorables liés à une couleur donnée, de même que les régions où elle se manifeste. Vous n'avez pas le droit de dire à quelqu'un quoi faire. Faites-lui simplement part de vos constatations, en lui expliquant ce qu'elles sont susceptibles

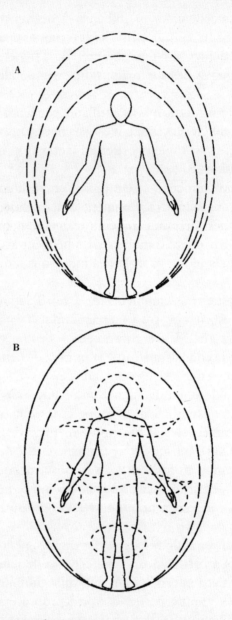

LES COULEURS DE L'AURA ET LEUR ASPECT

La forme des couleurs ainsi que leurs nuances et leur emplacement peuvent varier considérablement (figure B), ou les couleurs peuvent se présenter sous forme de sphères qui se fondent imperceptiblement l'une dans l'autre (figure A).

d'indiquer, mais laissez ensuite cette personne prendre ses propres décisions et faire ses propres choix.

7. N'hésitez pas à recourir à votre intuition lorsque vous interprétez l'aura. Posez des questions relativement à vos observations et à leur signification possible. Les réponses de la personne auscultée doivent vous guider dans l'établissement de vos critères d'interprétation. Souvenez-vous que la couleur de l'aura, son éclat et l'endroit où elle est située peuvent vous fournir diverses informations. Votre rôle consiste à en faire adéquatement la synthèse.

8. L'aura subit fréquemment des modifications. Les couleurs situées près du corps (celles qui l'entourent à moins d'un mètre) peuvent connaître de nombreux changements au cours d'une même journée. La moindre émotion forte et toute activité physique ou mentale un tant soit peu intense peuvent modifier la couleur de l'aura et son éclat. L'aura se transforme également au fil du temps. À mesure que votre capacité de voir l'aura se développera, vous constaterez que chaque personne possède une ou quelques couleurs prédominantes qui demeurent en permanence à l'intérieur de son champ d'énergie (bien qu'il puisse se produire certaines variations au niveau des nuances). Quelles sont les couleurs secondaires et quels sont leurs rapports avec les tons primaires?

9. Les premières couleurs qui apparaissent sont habituellement le gris ou le bleu pâle. Ne vous laissez toutefois pas décourager si vous n'arrivez pas à les voir tout de suite. Continuez de faire vos exercices et vous noterez bientôt des améliorations appréciables. Les gens sont généralement persévérants au début, mais ils espèrent trop souvent récolter le fruit de leurs efforts à l'intérieur d'un laps de temps donné. Si les résultats ne sont pas au rendez-vous à ce moment-là, ils laissent tout tomber.

Ne vous fixez pas de délai précis. Faites simplement vos exercices quotidiennement. Ce n'est qu'en repoussant jour après jour les limites de vos perceptions que vous serez récompensé de votre ténacité. Si vous vous contentez de vous entraîner deux ou trois jours d'affilée pour négliger ensuite vos exercices pendant une semaine, vous n'y arriverez jamais. Il vous faut persévérer. Avec un peu de patience, vous devriez commencer à voir l'aura au bout de quatre à six semaines, même si les couleurs se dérobent encore à vos yeux. La plupart des élèves que j'ai initiés à cette discipline ont obtenu d'excellents résultats après un à six mois d'entraînement, mais il leur a suffi d'un seul mois pour constater que le phénomène est bien réel!

10. Lorsque vous commencerez à percevoir l'aura, vous verrez le champ d'énergie qui entoure tous les êtres et tous les objets. Voilà qui peut être parfois gênant. Les exercices contenus dans ce livre sont conçus pour vous permettre de recourir à votre pouvoir de visualisation selon votre bon vouloir. Souvenez-vous toutefois que vous n'avez pas le droit de capter l'énergie des autres sans leur permission, pas plus que vous n'oseriez intercepter leur courrier. Même si vous percevez quelque chose, il ne vous est pas permis de dévoiler ce que vous avez vu à moins d'y être invité. Par conséquent, utilisez vos dons de manière responsable.

LES COULEURS ET LEUR SIGNIFICATION

Les couleurs ont la capacité de produire un effet favorable ou défavorable. Elles peuvent stimuler ou démoraliser, plaire ou indisposer. Certaines ont un caractère masculin, d'autres sont féminines de nature. Elles permettent l'expression des énergies positives comme des énergies négatives. Lorsqu'elles se manifestent à l'intérieur de l'aura, elles nous fournissent la clé de la personnalité, de l'état d'esprit, de la maturité et de la santé d'un individu, ces informations pouvant être de nature physique aussi bien que spirituelle.

Il faut beaucoup d'expérience pour interpréter correctement les divers coloris qui composent l'aura. Chaque couleur possède une caractéristique générale que chacune de ses nuances vient modifier légèrement. L'endroit où est située cette couleur, son éclat et même sa configuration doivent aussi être pris en considération.

Il n'est pas dans notre intention d'expliquer chacune des teintes susceptibles de composer l'aura. Nous allons plutôt examiner les couleurs fondamentales du spectre lumineux et vous fournir quelques précisions sur les énergies physiques et autres auxquelles elles correspondent généralement. Ces quelques éléments de base vous aideront à mieux comprendre la signification des couleurs de l'aura.

Les couleurs situées près du corps nous communiquent des renseignements sur la condition physique des individus. Elles indiquent également quelles sont les énergies prédominantes dans leur vie, de même que la direction que celles-ci pourront prendre. Avec un peu d'expérience, vous serez en mesure de déterminer, d'après la couleur et sa position par rapport au corps, le rôle joué par le temps sur certains courants d'énergie.

LES COULEURS DE L'ARC-EN-CIEL
Rouge

Le rouge est la couleur de l'énergie intense, du feu et de la force créatrice originelle qui anime la vie. Cette couleur chaude et vive est la marque d'une volonté puissante, d'une passion dévorante, d'un esprit ferme. Elle peut être l'expression de la colère, de l'amour, de la haine et des changements subits, de même qu'elle signale parfois une renaissance et une métamorphose.

Cette couleur exerce son action sur le système sanguin et le système reproducteur (l'énergie sexuelle) en plus de sonner le réveil des facultés endormies.

Une surabondance de rouge ou un rouge très foncé peuvent correspondre à un état de surexcitation, à une inflammation ou à un déséquilibre, ou encore dénoter la nervosité, la mauvaise humeur, l'agressivité, l'impulsivité ou l'agitation.

Orangé

L'orangé est la couleur de la cordialité, de la créativité et des émotions. Elle indique le courage, la joie de vivre et la sociabilité. Elle peut correspondre à une plus grande

ouverture d'esprit, en particulier à l'endroit des manifesta-
tions les plus subtiles (le plan astral) de la vie.

Selon les nuances observées, cette couleur peut également être une indication de nervosité et de déséquilibre sur
le plan émotif. Lorsque des teintes sombres se manifestent,
elles peuvent être un signe d'orgueil et d'excentricité, ou
encore exprimer l'anxiété et la vanité.

Jaune

Le jaune est l'une des couleurs de l'aura que l'on
perçoit généralement en premier et l'une des plus faciles à
détecter. Une couleur jaune pâle autour du front est un
signe d'optimisme. C'est la couleur de l'activité mentale et
de la gaieté. Elle est la marque des expériences nouvelles, de
l'insouciance, de la sagesse et de l'intelligence. Les tons pastel reflètent souvent l'enthousiasme, le pouvoir des idées et
le développement spirituel (en particulier si les tons vont du
jaune pâle au blanc). Le jaune symbolise l'éveil des pouvoirs
psychiques et des dons de voyance.

Les tons plus foncés de jaune peuvent signaler un pen-
chant pour l'analyse et la réflexion et indiquer une tendance
à tout critiquer, à éprouver un énorme besoin de reconnaissance et à être dogmatique.

Vert

Le vert est la couleur de la sensibilité et de la compassion. Cette couleur est un signe d'épanouissement, de bienveillance et de sérénité. Elle est l'indice d'une personne
digne de confiance et ouverte d'esprit. Un vert éclatant ten-
dant vers le bleu est révélateur d'un pouvoir de guérison.
C'est la couleur de la force, de l'abondance et de l'amabilité.

Les teintes plus sombres de vert peuvent exprimer l'in-
certitude et l'avarice, ou être un signe de jalousie et de pos-
sessivité. Elles dénotent aussi parfois la suspicion et un
manque de confiance en soi.

Bleu

Après le jaune, le bleu est la couleur de l'aura la plus facile à détecter. Cette couleur est un signe de douceur et de tranquillité. Elle indique le dévouement, la sincérité et la sagesse. Elle peut signaler des dons de clairvoyance et de télépathie.

Les personnes dont l'aura est bleu pâle font preuve d'imagination et d'intuition. Les tons de bleu foncé dénotent une tendance à la solitude, ce qui, jusqu'à un certain point, correspond à une quête incessante du divin. Ils sont aussi à divers degrés la marque du dévouement. Le bleu royal est l'indice d'une personne qui fait preuve d'honnêteté et d'un jugement équilibré, ou qui a trouvé ou est sur le point de trouver le travail de son choix.

Les tons les plus opaques de bleu sont parfois révélateurs de facultés endormies. Ils peuvent par ailleurs être l'expression de la mélancolie, de l'anxiété, de la tyrannie, de la timidité, de la négligence et de l'hypersensibilité.

Violet et pourpre

Le violet est la couleur de la cordialité et de la transformation intérieure. Cette couleur correspond à la fusion du cœur et de l'esprit, du physique et du spirituel. Elle est la marque de l'indépendance et de l'intuition, en plus de signaler une importante activité onirique. Elle peut révéler qu'une personne est en recherche. Les tons de pourpre sont souvent l'indice d'un grand sens des affaires et de tendances matérialistes. Les tons les plus pâles de pourpre et de violet expriment l'humilité et la spiritualité. Les tons rouge pourpre signalent parfois la passion ou la force de volonté. Ils peuvent signifier par ailleurs qu'un plus grand effort individuel est nécessaire.

Les tons les plus sombres reflètent la nécessité de surmonter certains obstacles. Ils peuvent également signaler une imagination érotique fertile, ou encore révéler qu'une personne tend à être arrogante, à avoir besoin de compassion et à se sentir incomprise.

AUTRES COULEURS PRÉSENTES DANS L'AURA

Rose

Le rose est la couleur de la compassion, de l'amour et de la pureté. Cette couleur exprime la joie et le réconfort et dénote un sens aigu de l'amitié. Elle est révélatrice d'une personne modeste et tranquille, qui possède un goût inné pour les arts et l'esthétique.

Certains tons de rose, en particulier s'ils sont opaques, sont un indice d'immaturité. Ils peuvent correspondre soit à la sincérité soit à l'absence de franchise, ou être l'expression d'un amour nouveau ou d'une vision nouvelle.

Or

La couleur or est l'expression d'une activité spirituelle importante et de l'autoréalisation. Elle est révélatrice d'un haut degré de dévotion et d'harmonie. Elle correspond à un enthousiasme profond et à une source vive d'inspiration en plus de signaler une vitalité nouvelle.

Des tons dorés plus opaques donnent à penser que la personne est encore dans le processus d'éveil et de purification et n'a pas complètement atteint un niveau supérieur d'illumination. Le processus alchimique est toujours en cours, c'est-à-dire que la personne s'exerce à transformer en or le plomb de sa vie.

Blanc

Le blanc est généralement perçu avant les autres couleurs de l'aura. Il se présente souvent dans des tons diaphanes. Le blanc combinant par définition toutes les couleurs, il n'est pas rare, lorsqu'il se manifeste avec éclat, de le voir associé à d'autres couleurs. Cette précision vous aidera à déterminer si ce que vous voyez correspond à une couleur véritable dotée d'une énergie particulière ou simplement à une fausse impression due à l'inexpérience. Lorsqu'il s'agit incontestablement d'une des couleurs de l'aura, le blanc est un signe d'authenticité et de pureté. Il indique que le champ d'énergie de la personne est en train de se purifier. Il marque également le début d'une période de grande créativité.

Gris

Le gris est le symbole de l'initiation. Il peut signaler la mise en valeur de talents cachés. Les tons de gris proches de l'argenté expriment l'éveil des énergies féminines correspondant notamment à l'illumination, à l'intuition et à l'imagination créatrice.

Les tons plus foncés de gris annoncent parfois un déséquilibre physique, en particulier si cette couleur est située près du corps. Ils peuvent aussi indiquer une volonté de ne laisser aucune besogne en suspens. Par ailleurs, une aura saturée de gris est parfois révélatrice d'une personne réservée et qui aime jouer les loups solitaires.

Brun

Il n'est pas rare d'apercevoir du brun à l'intérieur de l'aura. Même si plusieurs sont d'avis que cette couleur indique un faible niveau d'énergie ou un déséquilibre, ce n'est pas toujours le cas. Le brun étant la couleur de la terre, sa présence, en particulier au-dessus de la tête et autour des pieds, correspond souvent à un signe de croissance. Il confirme que de nouvelles racines sont en train de pousser et traduit une volonté de réalisation. Il est la marque d'une personne laborieuse et bien organisée.

Par contre, si cette couleur apparaît au niveau du visage ou touche la tête, elle peut signaler un manque de jugement. Si elle se trouve dans la région des chakras, cela pourrait signifier que leurs énergies sont bloquées et qu'ils ont besoin d'être purifiés. Il est parfois difficile de donner une interprétation juste de cette couleur, car souvent elle révèle la présence de problèmes de nature physique. Il faut cependant éviter de sauter trop rapidement aux conclusions. Les informations fournies par la personne auscultée constituent encore le meilleur moyen de comprendre la signification exacte de cette couleur.

Noir

Le noir constitue certes l'une des couleurs les plus déconcertantes de toutes celles que peut contenir l'aura. J'ai entendu certaines personnes affirmer que la présence du noir dans l'aura est présage de mort ou de maladie terrible. Je n'ai pour ma part jamais constaté la justesse d'une telle affirmation.

Le noir est plutôt une couleur protectrice. Il sert de bouclier contre les énergies extérieures. Sa présence dans l'aura d'une personne peut signifier que celle-ci cherche à se protéger ou à préserver quelque secret. Il n'y a rien de mal à cela, dans la mesure où il n'y a pas exagération. Le noir est parfois aussi représentatif d'un individu qui est sur le point de trouver un sens à ses malheurs et à ses sacrifices.

Mais il lui arrive aussi d'être le signe d'un déséquilibre. Les troubles physiques se présentent souvent sous forme de taches noires ou sombres entourant le corps. L'endroit où elles sont situées nous fournissent un indice quant à leur nature. Lorsqu'il se retrouve dans la partie extérieure de l'aura d'une personne, le noir révèle parfois la présence de brèches dans son champ d'énergie. J'ai pu le constater chez les individus qui ont été victimes de mauvais traitements[1]

---

1. Les enfants projettent littéralement leur conscience hors de leur corps et de leur champ d'énergie au moment où ils sont victimes de mauvais traitements. Plus la fréquence de ces sévices est élevée, plus la brèche s'établit en permanence dans l'aura. C'est la raison pour laquelle de nombreuses victimes se souviennent difficilement des actes de cruauté qu'elles ont subis. Par ailleurs, l'aura perdra continuellement son énergie, de sorte qu'une telle personne sera prédisposée, tout au long de sa vie, à des déséquilibres de toute nature, que ce soit d'ordre physique, émotif ou mental. Il est difficile de cicatriser cette déchirure au niveau du champ d'énergie. L'aide d'un psychothérapeute et les exercices qui se trouvent au prochain chapitre pourront contribuer à la colmater. On évitera toutefois de conclure qu'une personne a été maltraitée durant son enfance à partir de simples observations. Seule une personne qualifiée devrait aborder cette question avec une victime présumée, et encore, sous strict contrôle médical.

durant leur enfance ou qui font un usage immodéré de substances telles que le tabac, l'alcool, les drogues et les médicaments.

Étincelles argentées

J'ai également noté un phénomène digne de mention. J'ai souvent observé des lueurs semblables à des étincelles lumineuses, généralement de couleur argentée. J'ai découvert que ces scintillements sont presque toujours un signe d'inventivité et de fécondité. Lorsqu'ils se manifestent à l'intérieur de l'aura d'une personne, ils indiquent que celle-ci fait preuve de plus de créativité dans sa vie.

Je les ai souvent remarqués chez les femmes, mais ils ne leur sont pas réservés exclusivement. Lorsque je les aperçois à l'intérieur de l'aura d'une femme, je lui demande si elle est enceinte. Ces scintillements sont toujours présents chez des femmes enceintes ou qui ont accouché au cours des six à neuf derniers mois. Souvenez-vous toutefois que toutes les femmes chez qui on décèle ces lueurs n'attendent pas forcément un enfant, même si on les retrouve chez presque toutes celles qui sont enceintes.

Selon moi, ces étincelles lumineuses signalent une augmentation de la créativité ou de la fertilité. Mais cette fécondité peut prendre diverses formes et ne doit pas obligatoirement se traduire par une grossesse. Je suis toutefois d'avis qu'elle est susceptible d'attirer de nouvelles âmes vers cette personne. Si l'occasion leur en est donnée, elles «se faufilent» à l'intérieur de cette dernière.

Si la femme qui vient me consulter n'est pas enceinte au moment où j'observe ces scintillements, je lui conseille la prudence au cours des six à neuf mois suivants, car les probabilités d'une grossesse sont très fortes. Comme le veut le dicton, une personne avertie en vaut deux!

Si cette fécondité ne débouche pas sur une grossesse, elle se manifestera dans un autre domaine. Au cours des neuf mois à venir, dix tout au plus, quelque chose se produira qui bouleversera la vie de cette personne tout aussi sûrement que le ferait la venue d'un nouveau-né. Une porte s'ouvrira dans sa vie sur quelque chose de bénéfique et de positif. Il peut s'écouler jusqu'à six mois avant que les événements se mettent en place, mais, le moment venu, le tout débouche habituellement sur un projet très dynamique et très constructif.

À mesure que votre capacité de voir l'aura se développera, vous serez mieux à même de percevoir les différentes nuances qu'une même couleur peut receler. Une étude approfondie de la chromatothérapie vous aiderait non seulement à accroître votre sensibilité aux couleurs, mais également à mieux comprendre leur signification.

COMMENT DÉTERMINER QUELLES SONT LES PRINCIPALES COULEURS DE L'AURA

Tant que vous ne serez pas en mesure de voir les couleurs de l'aura, vous aurez la possibilité de recourir à la radiesthésie pour déterminer les principales couleurs de l'aura. Vos baguettes ou votre pendule feront l'affaire. N'oubliez pas que votre subconscient perçoit les énergies de l'aura mais que vous n'êtes simplement pas encore capable de les discerner consciemment avec vos yeux. Les baguettes et le pendule vous permettront de canaliser ces impressions inconscientes et de les rendre perceptibles par votre conscience. Les dessins et illustrations qui se trouvent aux pages 109 à 111 vous aideront à cet égard.

1. Si vous comptez utiliser les baguettes, reproduisez le diagramme circulaire représenté à la partie supérieure de la page 109. Dessinez-le sur une feuille blanche de manière à ce qu'il ait au moins 30 cm de diamètre. Au lieu d'écrire le nom des couleurs sur votre dessin, rien ne vous empêche d'en colorer chaque section d'après la couleur qui lui correspond. Si vous préférez vous servir du pendule, reproduisez le diagramme rectangulaire représenté à la partie inférieure de la page 109. Vous pouvez, si vous le désirez, colorer chaque petit rectangle selon sa couleur correspondante.

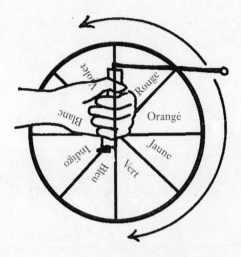

COMMENT UTILISER LES BAGUETTES AFIN DE DÉTERMINER LES COULEURS DE L'AURA

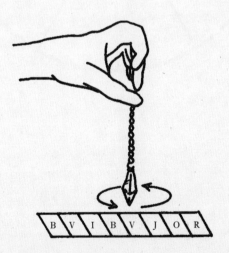

**COMMENT UTILISER LE PENDULE
AFIN DE DÉTERMINER LES COULEURS DE L'AURA**

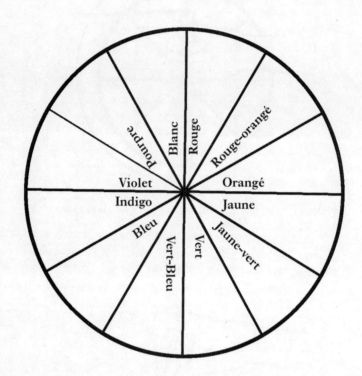

EXEMPLE DE GRAPHIQUE SERVANT À DÉTERMINER
LES COULEURS DE L'AURA À L'AIDE DES BAGUETTES

The humming bird

I am only a little humming bird, but I have magic

When given with love, I am terrific

At the end of each day, you can talk with me

And I promise you, never be your enemy

Enjoy your happiness but tell me your sorrows

And your sadness will have no tomorrows

May your days be happy

Until the greatest of the Eternity

Yvette Paradis, Ste-Foy

LES COULEURS DE L'AURA ET LEUR SIGNIFICATION

ROUGE
ORANGÉ
JAUNE
VERT
BLEU
INDIGO
VIOLET
BLANC

EXEMPLE DE GRAPHIQUE SERVANT À DÉTERMINER
LES COULEURS DE L'AURA À L'AIDE DU PENDULE

2. Prenez le temps de vous relaxer et mettez vos deux pieds à plat sur le sol. Appuyez vos coudes contre la surface plane sur laquelle repose le tableau des couleurs que vous avez choisi. Dans le cas où vous souhaiteriez faire usage de vos baguettes, n'en utilisez qu'une seule. Tenez-la suffisamment éloignée de vous pour que son extrémité ne puisse vous toucher. Elle devrait pouvoir effectuer librement un tour complet sur elle-même. Tenez la baguette sans serrer, de telle sorte que votre main se trouve au-dessus du centre du cercle. À présent, concentrez votre attention sur la personne dont vous désirez interpréter l'aura ou sur vous-même. Si vous souhaitez connaître les couleurs de votre propre aura, fermez les yeux et concentrez-vous sur vous-même.

3. Posez-vous quelques questions, soit mentalement, soit à voix haute: «Quelle est la couleur principale de l'aura de _____?» Faites une pause et laissez à votre baguette le temps de se diriger vers la pointe du dessin qui représente le mieux la couleur en question. Vous pouvez également vous enquérir des couleurs secondaires de cette aura: «Quelle est la deuxième couleur en importance de l'aura de _____?» Si la baguette se place entre deux sections, tenez compte des deux couleurs adjacentes. Souvenez-vous qu'une même couleur peut avoir plusieurs tons différents et que votre dessin ne peut tous les représenter. Il vous faudra peut-être demander alors: «Quelle est la couleur qui se rapproche le plus de la couleur de l'aura de _____?»

4. Si vous utilisez le rectangle conçu pour le pendule, la marche à suivre est la même. Appuyez votre coude contre la surface plane de sorte que le pendule se trouve entre 7 et 15 cm au-dessus du tableau des couleurs représenté à la page 111. Commencez à une des extrémités du dessin et parcourez une à une chacune des couleurs.

Les réponses affirmatives ou négatives du pendule vous serviront à déterminer les couleurs de l'aura. Vos questions peuvent ressembler à ceci: «Le rouge fait-il partie de l'aura de _____?» ou «Le rouge est-il la couleur principale de l'aura de _____?» Soyez attentif aux mouvements du pendule. Assurez-vous qu'il vous réponde par «oui» ou par «non». Surveillez également la vigueur de ses réponses. Plus il oscille fortement, meilleures sont les chances que cette couleur soit présente dans l'aura de la personne en question.

5. Passez ainsi en revue chacune des couleurs du tableau. N'oubliez pas de formuler vos questions de manière à ce que votre pendule puisse y répondre clairement par un «oui» ou par un «non». Voici quelques exemples de questions susceptibles de vous aider dans vos démarches:

- «Ce rouge est-il situé principalement au–dessus de la tête?»
- «Ce vert fournit-il des indications au sujet du corps physique?»
- «S'agit-il d'un bleu foncé?»
- «Ce jaune est-il situé au niveau de la tête?»

N'hésitez pas à expérimenter. Plus vous faites usage de ces instruments de mesure, plus vous prenez conscience que vos énergies s'étendent au-delà des limites du corps physique. Votre intuition se raffine et les barrières qui empêchent encore vos cinq sens de fonctionner intégralement tombent peu à peu.

COMMENT ANALYSER L'ÉTAT DE SANTÉ DE L'AURA

Lorsqu'on commence à voir l'aura, on perçoit généralement l'énergie située près du corps. À cet endroit, elle reflète en grande partie l'état de santé d'un individu. Chez une personne en bonne santé, l'énergie dégagée par son corps se présente sous forme de rayons lumineux de diverses couleurs. On dirait non pas un nuage qui envelopperait le corps mais plutôt des courants d'énergie qui irradient vers l'extérieur et se découpent sur la toile de fond formée par le champ de force de l'aura (voir illustration à la page 115).

L'aspect de ces rayons est très révélateur de l'état de santé d'un individu. Plus le rayonnement observé est puissant et harmonieux, plus la personne sera vigoureuse et en bonne santé. Une absence de symétrie indique une déficience, un déséquilibre ou un trouble de nature physique. L'endroit où est située cette asymétrie nous renseigne sur la partie du corps en difficulté.

Il est fréquent de constater que de tels déséquilibres apparaissent à l'intérieur de l'aura avant de se manifester sur le plan physique par un trouble ou une affection. Si vous êtes sensible au champ de force de l'aura et aux changements qui se produisent à l'intérieur de celui-ci, vous pourrez adopter des mesures préventives appropriées et ainsi régler le problème avant qu'il ne survienne.

Les rayons d'énergie d'une personne en bonne santé sont puissants et harmonieux. Ils peuvent s'étendre sur 30 à 60 cm tout autour de son corps. À partir de là, leur intensité diminue et ils se fondent progressivement dans le reste du champ de force de l'aura. Si les rayons d'une personne sont équilibrés et symétriques mais ne s'étendent pas sur plus de 10 à 20 cm autour du corps, cela peut signifier qu'elle est en train de perdre son énergie. À moins que cette personne ne prenne des mesures pour refaire le plein d'énergie, il pourra en résulter des troubles physiques.

Des distorsions au niveau des rayonnements peuvent indiquer des problèmes de santé généralement liés à la région du corps où l'altération se manifeste. Celle-ci peut revêtir l'aspect de rayons irréguliers, d'une dégradation de leur couleur (le courant d'énergie semble souillé) et même d'une inflammation (voir illustration à la page 117).

Une inflammation survient lorsque, dans une région donnée, les rayons semblent plus rouges, plus foncés ou plus opaques qu'ailleurs. Elle correspond habituellement à une inflammation de la partie correspondante du corps. Douleurs, courbatures et muscles endoloris se traduisent souvent par une rougeur à l'intérieur de l'aura. Ainsi, des rayons qui paraîtront sombres et légèrement teintés de rouge dans la région de l'épaule pourront signaler divers troubles allant de la bursite aux muscles étirés.

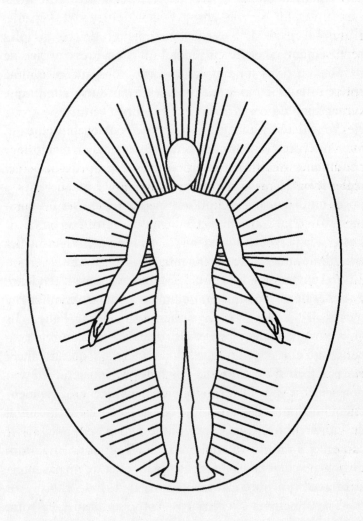

RAYONS D'ÉNERGIE LUMINEUSE

Chez une personne en bonne santé, l'énergie située près du corps physique se présente souvent sous la forme de courants d'énergie qui s'étendent sur 30 à 60 cm à l'intérieur de l'aura. Ces rayons sont minces et symétriques et semblent se détacher par rapport à la toile de fond formée par l'aura elle-même.

C'est pourquoi il importe d'obtenir des précisions supplémentaires de la part de la personne auscultée.
Demandez-lui si elle éprouve des douleurs à l'épaule.
Faites-lui part de vos observations et de ce qu'elles
représentent. Si elle vous répond qu'elle ne ressent rien de
particulier, dites-lui simplement que vous apercevez une
légère inflammation et qu'elle devrait faire très attention à
cette région du corps au cours des jours à venir.

Vous détenez une grande part de responsabilité quand
vous interprétez l'aura des gens, en particulier quand leur
condition physique est en cause. Seuls les médecins — et
cela exclut les guérisseurs spirituels — sont autorisés à
poser un diagnostic et à prescrire ou à préconiser un taite-
ment. Rien ne vous empêche d'émettre votre avis ou de signaler à la personne l'existence de techniques sur lesquelles
elle aurait intérêt à se documenter, mais c'est tout!

J'ai été témoin de cas où des débutants avaient tendance
à généraliser lorsqu'ils commençaient notamment à
percevoir les aspects physiques reflétés par l'aura. Ils
voyaient une tache noire et affirmaient à la personne auscultée qu'elle était atteinte d'un cancer ou qu'un cancer
était en formation chez elle. De telles conclusions relèvent
non seulement de l'irresponsabilité mais de la cruauté mentale. Quiconque demande une consultation est en position
de vulnérabilité. Cette personne est disposée à se laisser
conseiller à un niveau vital pour elle. Il est donc important
de ne pas semer en elle d'idées négatives et de ne pas interférer avec son libre arbitre. Il vous faut donc choisir vos
mots avec soin et avec égards. Votre sensibilité et votre
intuition devraient pouvoir vous indiquer comment une
personne réagira, de manière à adapter vos propos en conséquence. Seuls le temps et une formation adéquate vous
permettront d'y arriver. Si cela vous semble impossible,
vous devrez renoncer à l'idée de lire l'aura des autres sur
une base professionnelle.

Nous ne vous avons donné là que quelques règles de
base, rien de plus. Ces principes ne sont pas coulés dans le

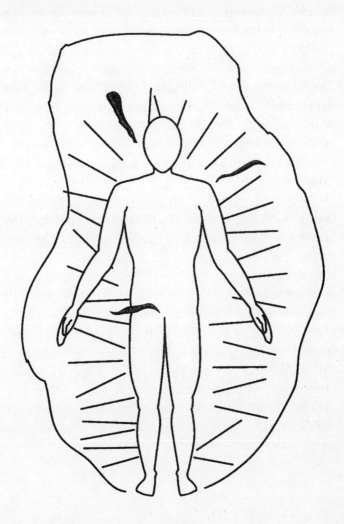

PROBLÈMES DE SANTÉ SIGNALÉS PAR L'AURA

Les rayons d'énergie peuvent signaler certains problèmes. L'inflammation située au-dessus de l'épaule gauche et celle située au niveau de la hanche droite peuvent correspondre à des muscles étirés ou endoloris. L'inflammation située près de la tête peut être un signe de tensions ou de maux de tête. Les rayons asymétriques sont pour leur part susceptibles d'indiquer un faible niveau d'énergie, une dépense d'énergie due à un trop grand nombre d'activités, une mauvaise circulation sanguine ou d'autres troubles de nature physique.

ciment. Chaque individu est unique et il en est de même de son aura, qui demande à être interprétée en conséquence. Si une personne vient à vous en vous annonçant qu'elle éprouve des difficultés d'ordre physique ou autre, vous n'avez pas le droit d'entrer dans les détails si vous détectez des éléments défavorables dans son champ d'énergie. Expliquez-lui plutôt que vous décelez un problème dans une région particulière de son aura et qu'il serait préférable pour elle de consulter un médecin afin que celui-ci établisse un diagnostic précis.

Souvenez-vous que plusieurs variables entrent en jeu lorsqu'il est question de l'aura. Les couleurs et leurs différentes nuances, leur éclat, leur luminosité, leur emplacement, leur combinaison, etc., sont autant d'éléments qui peuvent influer sur votre perception. Un examen de l'aura vous permet de déceler les endroits susceptibles de poser problème et de vous donner une bonne idée de la nature de tout déséquilibre possible. Faites part de vos impressions à la personne auscultée, mais ne faites aucune affirmation que vous n'êtes pas en mesure de vérifier. De cette façon, vous serez pour cette personne un guide qui l'aidera à se voir sous un jour différent. Vous lui permettrez de prendre conscience de sa nature énergétique et de s'harmoniser avec les forces supérieures de la vie.

CHAPITRE 6

·····················

COMMENT RENFORCER ET PROTÉGER
VOTRE AURA

Arrive un moment dans notre évolution personnelle où nous découvrons que notre corps physique ne constitue qu'un élément de notre être tout entier. Nous commençons alors à comprendre que l'univers est plus complexe qu'il n'y paraît à première vue. La plupart des gens centrent leur attention sur ce qui est tangible et visible, mais la science démontre que nous sommes soumis en permanence à de nombreux phénomènes imperceptibles à l'œil nu.

Si vous ne prenez pas conscience que d'innombrables forces sont susceptibles d'affecter votre système énergétique, celui-ci risque tôt ou tard d'en souffrir. Des déficiences à ce niveau pourront entraîner des maladies organiques ou des troubles d'ordre mental ou nerveux. Votre système énergétique subit chaque jour des pressions et des influences négatives. À moins d'être en mesure d'identifier ces intrusions et de vous protéger en conséquence, vous vous exposez à de nombreux ennuis.

Nous avons tous connu des moments où des forces extérieures sont venues troubler notre quiétude. Des bruits, des variations de température et des perturbations électriques de toutes sortes en sont généralement la cause. Les autres nous affectent également. Quelqu'un vous a-t-il déjà donné l'impression que vous étiez inférieur à lui ou un raté par rapport à lui? Avez-vous déjà été poussé à faire des achats ou à participer à une activité alors que vous n'en aviez pas réellement envie? Vous êtes-vous senti épuisé après une conversation avec quelqu'un? Tous ces phénomènes constituent autant d'agressions contre votre champ d'énergie.

Votre aura constitue la clé qui vous permettra de vous protéger contre ces invasions. Si votre aura est puissante et rayonnante, elle saura déjouer les forces négatives qui drainent vos énergies et vous déstabilisent. Il n'est pas difficile de fortifier son aura. De saines habitudes lui seront bénéfiques. Ainsi, une bonne alimentation, des exercices appropriés et une vie au grand air contribuent à renforcer votre champ d'énergie. À l'inverse, le manque d'exercice, de l'air pollué, une mauvaise alimentation et l'usage d'alcool, de tabac, de drogues, de médicaments, etc., contribuent tous à saper les énergies de votre aura.

Par ailleurs, les émotions et les attitudes mentales influencent bien davantage l'aura que la plupart des gens ne l'imaginent. Stress prolongé, chocs émotifs, déséquilibres mentaux ou troubles psychologiques, bouleversements, soucis, craintes et autres sentiments négatifs entraînent un affaiblissement de votre champ d'énergie. À son tour, une aura déficiente occasionne des pertes d'énergie. On s'épuise alors rapidement. Si la situation perdure, des brèches peuvent survenir dans le champ de force de l'aura. Il pourra en résulter des problèmes de santé et autres perturbations. L'illustration à la page suivante nous fournit un exemple d'aura déficiente comportant des trouées ainsi que des taches sombres et dont l'apparence est loin d'être harmonieuse et équilibrée.

Il existe plusieurs moyens simples de revitaliser et de renforcer l'aura. La lumière du soleil a sur elle un effet tonifiant, tout comme les exercices au grand air. Manger peu à la fois mais plus fréquemment contribue à équilibrer votre champ d'énergie. Le fait d'évacuer régulièrement le contenu de ses intestins constitue un excellent moyen de

fortifier l'aura et d'accroître sa résistance. La méditation

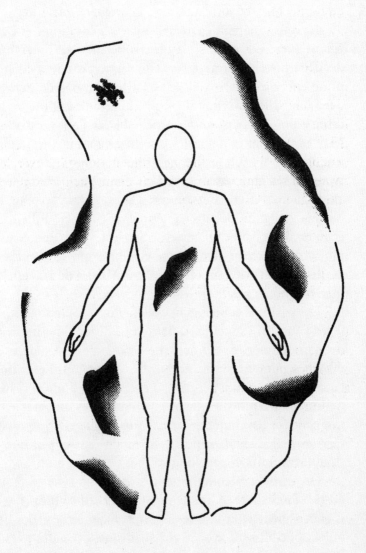

AURA DÉFICIENTE ET DÉSÉQUILIBRÉE

joue aussi un rôle bénéfique et protecteur à cet égard. Mais il est toutefois inutile d'exagérer. Procédez avec modération en toute chose et votre aura ne s'en portera que mieux.

La musique peut également servir à équilibrer et à fortifier l'aura. Les chants grégoriens permettent notamment de débarrasser l'aura et son environnement immédiat de toute énergie négative. Il nous est tous arrivé de pénétrer dans une salle où venait de se produire une dispute ou une discussion. La tension y est palpable et l'air y est lourd. Mais si vous faites jouer des chants grégoriens pendant dix minutes, cela peut suffire à purifier l'atmosphère de cette pièce de ses mauvaises vibrations. Bien que cette musique ait le même effet salutaire sur l'aura, certains, pour des raisons de goût personnel, éprouvent de la difficulté à écouter des chants grégoriens. Si c'est votre cas, écoutez plutôt un morceau de musique classique qui vous apaise et exalte votre esprit, comme le «Water Music» de Haendel ou la «Symphonie pastorale» de Beethoven.

Les parfums contribuent également à renforcer et à protéger l'aura. Il est courant, dans la tradition amérindienne, de s'imprégner de fumée provenant de la combustion d'herbes odorantes afin de purifier le champ d'énergie et l'air ambiant. Qu'il s'agisse d'encens ou d'huiles essentielles, les parfums agissent surtout sur les énergies émotionnelles et psychiques. On les utilisait autrefois pour contrer les maladies physiques et mentales aussi bien que les troubles émotifs et psychiques.

On emploiera couramment une combinaison de sauge et de fines herbes pour purifier et équilibrer l'aura. L'encens peut avoir les mêmes effets mais, à cause des liens qu'elles établissent avec le christianisme, certaines personnes ne partagent pas cet avis. Malgré tout, l'encens possède un niveau vibratoire élevé et il peut être très efficace. Le gardénia aura un effet bienfaisant sur les personnes œuvrant dans le domaine de la santé, ainsi que les psychothérapeutes et les travailleurs sociaux. Parce qu'elle fortifie l'aura, l'odeur de cette fleur leur évitera de se laisser ébranler par les problèmes des autres et de laisser leurs émotions troubler leur sérénité. De nombreuses autres fragrances peuvent également avoir des répercussions positives sur l'aura. Un peu de recherche vous permettra de découvrir quels sont les effets propres à chacune d'entre elles.

Les pierres et les cristaux contribuent eux aussi au renforcement de l'aura. L'énergie électrique contenue dans un cristal de quartz permet d'amplifier le champ d'énergie de l'aura. Vous en aurez la preuve en demandant à un partenaire de comparer l'étendue de votre aura selon que vous tenez un cristal à la main ou que vous avez les mains vides. Même un cristal de quartz de faible dimension (2 ou 3 cm) suffit à accroître d'au moins un mètre la taille de votre aura.

Les cristaux taillés en pointe aux deux extrémités sont très efficaces à cet égard. Le fait d'en garder un constamment sur vous ne peut que contribuer à la stabilité de votre champ d'énergie, en particulier si vous devez affronter des situations difficiles ou qui sont susceptibles de drainer vos énergies. Vous pourrez ainsi mieux éviter la fatigue et le stress.

À la fin de la journée, quand vous vous sentez épuisé ou que vous avez besoin d'un regain d'énergie, prenez un cristal de quartz pointu aux deux extrémités dans chacune de vos mains (voir illustration à la page 125). Relaxez-vous et visualisez les cristaux en train de recharger votre corps et votre aura en énergie. Respirez profondément et régulièrement de manière à accélérer ce processus. Cinq à dix minutes de cet exercice devraient suffire à rééquilibrer et à renforcer vos énergies. Cela vous aidera en outre à faire agréablement la transition entre votre travail et votre vie privée et à modifier votre état d'esprit en conséquence. Vous pourrez ainsi laisser derrière vous vos préoccupations d'ordre professionnel et vous débarrasser des débris énergétiques que vous auriez pu emporter avec vous en quittant le bureau.

Les exercices qui suivent vous procureront un grand bienfait en fortifiant et en protégeant intégralement votre champ d'énergie. Ils sauront vous équilibrer et vous revivifier, en plus de vous aider à empêcher toute intrusion dans votre champ d'énergie. Plus vous maintiendrez élevé le niveau vibratoire de votre aura, plus les risques de subir de telles ingérences iront en diminuant.

EXERCICE N° 1
COMMENT EMPÊCHER LES AUTRES
D'ACCAPARER VOS ÉNERGIES

Il nous est tous arrivé un jour de nous sentir épuisés par suite d'une conversation avec quelqu'un, que ce soit au téléphone ou en personne. On se sent alors vidé, on a l'estomac noué, etc. Ce phénomène est dû à une perte en énergie.

Certaines personnes ont le don de sucer l'énergie des autres, bien souvent sans s'en rendre compte. Elles suppléent ainsi à leurs propres besoins en utilisant vos énergies plutôt que de chercher à accroître leurs propres réserves. Peut-être se sentent-elles mieux — sans savoir pourquoi — après leur conversation avec vous. Mais leur ignorance ne leur donne pas pour autant le droit d'accaparer votre énergie et vous ne devriez en aucun cas tolérer ce genre de situation.

Cela ne signifie pas pour autant que vous devez accuser ces gens de vampirisme ou leur annoncer votre intention de cesser de les fréquenter sous prétexte qu'ils drainent vos énergies. En procédant de la sorte, vous les inciteriez à croire que vous êtes tombé sur la tête! Vous régleriez certes votre problème dans la mesure où ces individus refuseraient dorénavant votre compagnie, mais la plupart des gens n'ont pas encore l'ouverture d'esprit nécessaire pour admettre l'existence de telles énergies subtiles. Mieux vaut par conséquent en tenir compte dans vos échanges avec eux.

Il est en fait beaucoup plus simple de remédier à la situation sans dire un mot. Le pouvoir de décider si les autres doivent ou non avoir accès à vos énergies vous appartient.

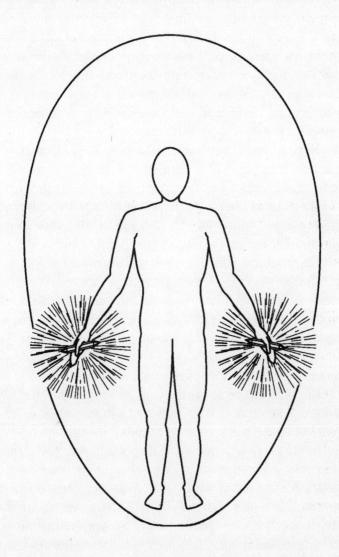

EFFET DES CRISTAUX SUR L'AURA

Les cristaux de quartz taillés en pointe aux deux extrémités permettent de stabiliser et de revivifier le champ d'énergie qui enveloppe le corps. Ils servent à renforcer votre niveau d'énergie habituel.

125

La meilleure solution consiste encore à verrouiller votre système énergétique. À l'intérieur de votre champ d'énergie, il existe de nombreux flux d'énergie qui sillonnent et entourent votre corps. Vous pouvez boucler ces circuits de manière à ce que vos énergies ne circulent qu'à l'intérieur de votre aura. Vous empêcherez ainsi vos énergies d'être aspirées vers l'extérieur, tout en interdisant aux énergies des autres de pénétrer dans votre aura.

Il vous suffit pour cela d'adopter la position fermée illustrée à la page 129. Croisez vos pieds au niveau des chevilles et rapprochez vos pouces et vos doigts de manière à ce qu'ils se touchent. (Si vous le désirez, vous pouvez n'utiliser que vos pouces et vos index.) Vous ferez ainsi en sorte que votre énergie ne puisse s'échapper de votre aura.

La prochaine fois que vous rencontrerez une personne qui draine vos énergies, adoptez cette posture. Posez simplement vos mains nonchalamment sur vos cuisses, rapprochez vos doigts et croisez vos chevilles. C'est simple et naturel, et votre interlocuteur ne se doutera de rien. Vous pouvez également procéder de la même façon lorsque vous conversez au téléphone avec ce genre d'individu.

En agissant de la sorte, vous provoquerez inévitablement des réactions. Attendez-vous à des commentaires du genre: «Tu ne me sembles pas aussi aimable que d'habitude», «Je ne te sens pas aussi disponible qu'avant», «Je me demande si Untel n'est pas en colère contre moi», etc. La question n'est pas là. Vous leur refusez simplement la permission de puiser dans vos énergies! Ce sentiment d'euphorie qu'ils éprouvaient en votre présence ayant disparu, ils en concluent que quelque chose ne tourne pas rond. Sachez que personne ne devrait avoir accès à vos réserves d'énergie sans votre consentement.

EXERCICE N° 2
TECHNIQUE DE RESPIRATION

Le grand air et une respiration appropriée sont essentiels au maintien d'une aura forte et équilibrée. Afin d'apporter le maximum d'énergie à votre aura, il importe de respirer par les narines. Nombreux sont ceux qui ont la mauvaise habitude de respirer par la bouche et qui ne se rendent pas compte qu'il est plus naturel et plus sain de respirer par le nez.

Une personne qui respire par la bouche est davantage exposée aux maladies parce que cette pratique diminue la vitalité de l'aura, au risque d'affaiblir l'organisme tout entier. L'air n'étant pas filtré, rien n'empêche la poussière et d'autres saletés de pénétrer directement dans les poumons. Par ailleurs, lorsqu'une telle habitude permet à l'air froid de se rendre jusqu'aux poumons, il peut en résulter une inflammation des organes respiratoires.

La respiration par le nez est, quant à elle, plus saine et plus tonifiante pour votre système énergétique. Les narines sont en effet tapissées de surfaces conçues pour absorber le *prâna* — l'énergie vitale — contenu dans l'air. Plusieurs techniques de respiration venues d'Orient enjoignent l'adepte de concentrer consciemment son attention sur l'extrémité de son nez et sur toute l'étendue nasale au moment de l'inspiration. Cela favorise l'absorption du prâna, accroît la vitalité de l'aura tout entière et stimule tout le système énergétique.

En plus de réchauffer l'air par l'intermédiaire de leurs muqueuses, les narines et les parois nasales sont tapissées de poils qui permettent de le filtrer. L'air ainsi traité ne présente alors aucun danger pour les organes délicats que sont les poumons. Il en résulte que la respiration peut contribuer au renforcement de l'aura en lui apportant plus d'énergie.

Dans les cours de yoga, on donne le nom de *Ida* à la respiration lunaire et celui de *Pingala* à la respiration solaire.

Le terme *Susumna* sert quant à lui à désigner l'équilibre entre les deux. Votre énergie possède deux pôles, l'un positif, l'autre négatif — respectivement mâle et femelle —, symbolisés par le soleil et la lune. La technique de respiration décrite ci-dessous permet de tonifier l'aura en un instant tout en assurant le bon maintien de la polarité du corps. Elle améliore par ailleurs votre capacité de mémoriser et d'assimiler des informations, en plus d'équilibrer les deux hémisphères cérébraux. On peut l'utiliser avant d'étudier afin de réduire le temps d'apprentissage ou encore lorsqu'on a rapidement besoin d'un regain d'énergie au cours la journée.

Cette technique fait appel à la respiration alternée, suivant laquelle on inspire à partir d'une narine et on expire de l'autre. (Gardez votre esprit concentré sur l'extrémité de votre nez, en particulier au moment de l'inspiration, si vous souhaitez que les effets de cet exercice soient amplifiés.) Si vous tenez votre nez entre le pouce et les autres doigts, il vous sera plus facile de maintenir le rythme de votre respiration.

1. Posez tout d'abord votre pouce et vos autres doigts sur votre nez et expirez. Placez ensuite votre langue contre votre palais, derrière vos incisives.

2. Obstruez votre narine droite à l'aide de votre pouce et inspirez par la narine gauche en comptant lentement jusqu'à quatre.

3. Tout en gardant votre narine droite fermée, repliez vos doigts sur votre narine gauche et pincez votre nez de manière à le bloquer complètement à l'aide de votre pouce et de vos autres doigts. Retenez votre respiration jusqu'au compte de 16. (Si vous n'avez jamais fait ce genre d'exercice, vous risquez de trouver le temps long! Si tel est le cas, choisissez un chiffre moins élevé ou comptez plus rapidement. Avec un peu de pratique, vous serez bientôt en mesure de retenir votre souffle pendant de plus longues périodes de temps. Faites l'essai suivant: inspirez en comptant jusqu'à trois, retenez votre respiration jusqu'au compte de six et

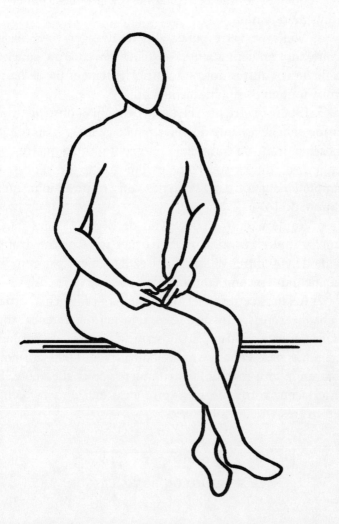

MÉTHODE POUR EMPÊCHER LES AUTRES DE DRAINER VOS ÉNERGIES
Cette position vous permet de couper votre circuit énergétique
du monde extérieur. Ramenez vos pouces et vos index (ou vos
pouces et vos autres doigts) ensemble et croisez vos jambes au
niveau des chevilles. Vous éviterez ainsi que les autres puisent
impunément dans vos énergies vitales.

expirez en comptant jusqu'à trois. Trouvez le rythme qui vous convient le mieux et augmentez progressivement le temps de rétention.)

4. Soulevez votre pouce afin de dégager votre narine droite, tout en continuant d'obstruer votre narine gauche à l'aide de vos autres doigts. Expirez lentement par la narine droite tout en comptant jusqu'à huit.

5. Libérez votre nez, changez de main et obstruez votre narine gauche à l'aide de votre pouce gauche. Inspirez par la narine droite en comptant lentement jusqu'à quatre, puis repliez vos doigts sur votre narine droite afin d'obstruer complètement votre nez. Retenez votre respiration jusqu'au compte de 16.

6. Soulevez votre pouce afin de dégager votre narine gauche, tout en continuant d'obstruer votre narine droite à l'aide de vos autres doigts. Expirez lentement par la narine gauche tout en comptant jusqu'à huit.

7. Refaites cet exercice quatre ou cinq fois, en alternant à chaque reprise. Inspirez par une narine, retenez votre souffle et expirez par l'autre narine. Changez de narine et recommencez. Pour un remontant rapide, faites au moins quatre ou cinq respirations complètes de chaque côté. De cette façon, votre corps et votre aura tout entiers rechargeront très vite leurs batteries!

EXERCICE Nº 3
LE TOURBILLON PURIFICATEUR

Voici un exercice de visualisation qui vous permettra de purifier votre champ d'énergie tout entier. C'est un excellent exercice à faire à la fin de la journée, en particulier si vous êtes entré en contact avec plusieurs personnes. Il vous aidera à vous débarrasser de tous les débris énergétiques susceptibles de s'être accumulés et de créer des déséquilibres dans votre champ d'énergie. Ses effets se font sentir au bout d'à peine cinq minutes.

1. Assoyez-vous et détendez-vous progressivement. L'exercice de respiration décrit précédemment pourrait constituer une excellente préparation au présent exercice, à moins que vous ne préfériez dire une prière ou réciter un mantra. Nous ne vous en donnons ici que les grandes lignes. Rien ne vous empêche donc de l'adapter à vos propres besoins en énergie.

2. Imaginez qu'une petite tornade de feu d'un blanc transparent se forme peu à peu à environ 7 mètres au-dessus de vous. Voyez-la comme un entonnoir qui serait suffisamment gros pour contenir votre aura tout entière et dont l'extrémité serait en mesure de pénétrer par le sommet de votre crâne et de s'engouffrer dans la colonne entourant votre corps (voir illustration à la page 133).

3. Visualisez ce feu surnaturel en train de tournoyer comme une spirale dans le sens des aiguilles d'une montre. Au moment où cette tornade entre en contact avec votre aura, imaginez qu'elle aspire et consume petit à petit tous les débris énergétiques qui ont pu s'y accumuler.

4. Voyez cette spirale descendre le long de votre corps et de votre aura en les pénétrant et en les enveloppant, et soyez attentif à ce que vous ressentez. Prenez conscience qu'elle débarrasse votre champ d'énergie de toutes les énergies indésirables qui ont pu s'y amonceler au cours de la journée.

5. Laissez cette spirale d'énergie parcourir tout votre corps et s'échapper par vos pieds pour s'enfoncer jusqu'au centre de la terre. Imaginez qu'elle transporte tous ces déchets vers les royaumes inférieurs de la terre, où ils se transformeront en constituants utiles à leur croissance et à leur évolution.

EXERCICE N° 4
LA COLONNE DU MILIEU

L'exercice qui suit provient d'une technique ancestrale de développement personnel connue sous le nom de kabbale mystique. Faisant appel à la fois aux sons, à la visualisation et à la respiration, il a pour effet de gonfler l'aura à bloc tout en colmatant les lésions et les brèches susceptibles d'en saper les énergies. En plus de stabiliser et d'équilibrer votre champ d'énergie, il en augmente le niveau vibratoire de telle sorte que vous serez bientôt en mesure d'accomplir vos tâches quotidiennes avec plus d'entrain. Il empêche toute exploitation excessive de vos réserves d'énergie.

Cet exercice est basé sur les noms anciennement attribués à Dieu en hébreu. Ceux-ci, combinés à des images et à une technique de respiration particulières, sont utilisés comme des mantras. Un tel amalgame crée ce que l'on appelle un effet de synergie. Cet exercice n'est donc pas trois fois mais bien huit fois plus puissant. La réunion de ces trois éléments (noms, images et respiration) provoque en effet un accroissement exponentiel de l'énergie (dans le cas présent, 2 à la puissance 3 ou 2^3).

1. Vous pouvez au choix rester debout ou vous asseoir. Prenez quelques instants pour vous relaxer.

2. Visualisez une boule lumineuse d'un blanc parfait descendant du ciel, se dirigeant lentement vers vous et se posant tout juste au-dessus de votre tête. Elle déborde d'énergie rayonnante. Pendant que vous prononcerez le nom sacré qui suit, voyez l'éclat de cette lumière s'intensifier et sentez toute votre tête se remplir d'énergie.

3. Prononcez lentement le nom Eheieh *(Éh-heuh-yéh)*, en détachant bien chaque syllabe, et ressentez les vibrations d'énergie au sommet de votre crâne. Répétez de cinq à dix fois ce nom dont la signification est: «je suis qui je suis».

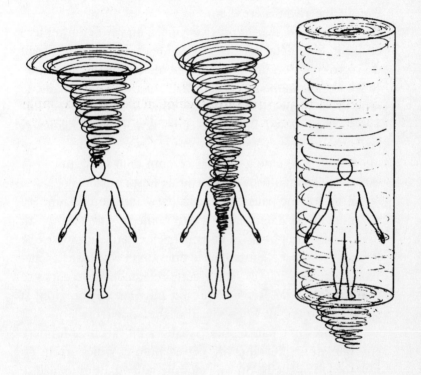

4. Faites une pause puis visualisez un rayon de lumière en train de se détacher de cette boule et s'arrêter au niveau de votre gorge, où une deuxième boule lumineuse se forme. Prononcez tout haut le nom divin Yhvh Elohim *(Yah-hoh-vah-Éh-loh-hîm)* et voyez l'éclat de cette lumière s'intensifier. Répétez de cinq à dix fois ce nom dont la signification est: «le maître de la création».

5. Faites une pause puis visualisez un rayon de lumière en train de se détacher de cette boule et s'arrêter au niveau de votre cœur, où une troisième boule lumineuse se forme. Prononcez lentement, en détachant bien chaque syllabe, le nom divin Yhvh ElOah VaDaath *(Yah-hoh-vah-Éh-loh-ah-Veuh-Daht)*. Voyez l'éclat de cette lumière s'intensifier et sentez toute cette région de votre corps se remplir d'énergie. Répétez de cinq à dix fois ce nom dont la signification est: «Dieu se manifeste au niveau de l'esprit».

6. Faites une pause puis visualisez un rayon de lumière en train de se détacher de cette boule et qui s'arrête au niveau de votre pubis, où une quatrième boule lumineuse se forme. Prononcez lentement le nom divin Shaddai El Chai *(Shah-daï-El-Kaï)*, et sentez cette région de votre corps se remplir d'énergie. Répétez de cinq à dix fois ce nom dont la signification est: «le Dieu vivant et tout-puissant».

7. Faites une pause puis visualisez un rayon de lumière en train de se détacher de cette boule et qui s'arrête au niveau de vos pieds, où une cinquième boule lumineuse se forme cependant que le rayon se dirige jusqu'au centre de la terre. Prononcez lentement le nom divin Adonai HaAretz *(Ah-doh-naï-Hah-Ah-rets')*, et voyez la boule se remplir d'énergie pure. Répétez de cinq à dix fois ce nom dont la signification est: «le seigneur de la terre».

8. Représentez-vous une colonne de lumière se dressant au milieu de votre corps et de votre aura tout entiers. Puis concentrez-vous de nouveau sur le sommet de votre crâne et commencez à pratiquer la respiration rythmique. Pendant que vous expirez lentement en comptant jusqu'à quatre, voyez un courant d'énergie rayonnante descendre le

long de votre flanc gauche et sentez cette partie de votre aura se renforcer. Inspirez en comptant jusqu'à quatre et voyez un courant d'énergie rayonnante monter le long de votre flanc droit, depuis vos pieds jusqu'au sommet de votre crâne, et sentez cette partie de votre aura se renforcer à son tour. Retenez votre respiration jusqu'au compte de quatre, puis expirez et inspirez de nouveau. Recommencez ce cycle quatre ou cinq fois.

9. Pendant que vous expirez en comptant jusqu'à quatre, voyez et sentez un courant d'énergie descendre le long de la face ventrale de votre corps. Inspirez et laissez ce courant d'énergie remonter le long de la face dorsale de votre corps. Retenez votre respiration jusqu'au compte de quatre et recommencez ce cycle quatre ou cinq fois. Faites une pause et ressentez toute cette énergie vous entourer et renforcer votre champ d'énergie tout entier. Si votre aura recelait la moindre brèche, elle est maintenant colmatée et toute perte éventuelle d'énergie a été compensée.

10. Ressentez à présent l'énergie qui s'est accumulée à vos pieds. Tout en inspirant, imaginez qu'un rayon de lumière aux couleurs de l'arc-en-ciel pénètre à l'intérieur de la colonne du milieu et se rend de vos pieds jusqu'au sommet de votre crâne. Tout en expirant, voyez un faisceau coloré jaillir du sommet de votre crâne et imprégner votre aura de sa lumière et de son énergie. Faites une pause et immergez tout votre être dans ce champ d'énergie éclatant et revivifiant.

Cet exercice permet de purifier entièrement l'aura. En plus de fortifier l'aura, il contribue à l'éveil de facultés supérieures, notamment à l'éclosion des dons surnaturels. Parce qu'il élève considérablement votre niveau d'énergie, votre capacité de voir l'aura s'en trouve accrue d'autant. Votre perception et votre sensibilité se développent intégralement, tant sur le plan physique que sur les autres plans.

J'enseigne cet exercice dans mes ateliers et j'insiste pour dire qu'il est fondamental. Quiconque souhaite développer ses pouvoirs paranormaux devrait le pratiquer régulière- **135**

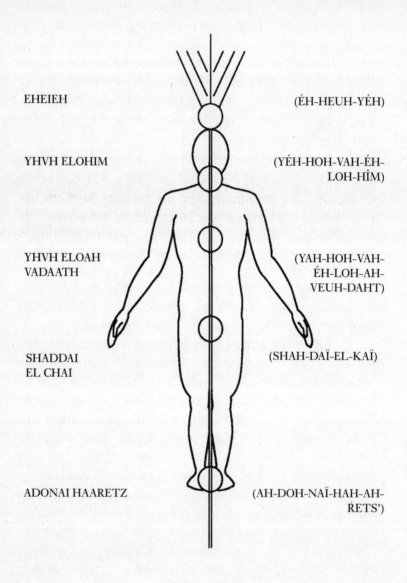

EHEIEH

(ÉH-HEUH-YÉH)

YHVH ELOHIM

(YÉH-HOH-VAH-ÉH-
LOH-HÎM)

YHVH ELOAH
VADAATH

(YAH-HOH-VAH-
ÉH-LOH-AH-
VEUH-DAHT)

SHADDAI
EL CHAI

(SHAH-DAÏ-EL-KAÏ)

ADONAI HAARETZ

(AH-DOH-NAÏ-HAH-AH-
RETS')

ment. Il est si puissant et si efficace qu'il devrait devenir l'exercice de base tant de ceux qui débutent que de ceux qui œuvrent depuis des années sur le plan spirituel. Il a pour effet d'équilibrer, de renforcer et de protéger l'aura. À ma connaissance, aucun autre exercice de méditation n'apporte autant de bienfaits et ne s'adapte aussi facilement aux besoins de chaque individu.

La tradition veut que la colonne du milieu compte cinq boules lumineuses. Mais il existe une variante importante de cet exercice qui en comprend une sixième. Cette boule lumineuse supplémentaire agit au niveau du front ou troisième œil. Ce centre d'énergie ou chakra correspond à la vue physique aussi bien qu'à la vision surnaturelle (clair-voyance). Cette variante vous aidera à développer encore plus efficacement votre capacité de voir l'aura.

1. Comme précédemment, assoyez-vous, fermez les yeux et détendez-vous.

2. Visualisez une boule lumineuse d'un blanc parfait descendant du ciel et se posant tout juste au-dessus de votre tête. Tout en prononçant le nom Eheieh *(Éh-heuh-yéh)*, ressentez les vibrations d'énergie au sommet de votre crâne. Répétez ce mantra de cinq à dix fois.

3. Visualisez un rayon de lumière en train de se détacher de cette boule et qui s'arrête au niveau de votre front, où une deuxième boule lumineuse se forme. Prononcez douce-ment le nom divin Jehovah *(Yah-hoh-vah)*. Imaginez que ce son se rend jusqu'aux confins de l'univers et revient vers vous, et ressentez les vibrations d'énergie au niveau de vos yeux de l'esprit. Répétez ce mantra de cinq à dix fois.

4. Visualisez un rayon de lumière en train de se détacher de cette boule et qui s'arrête au niveau de votre gorge, où une troisième boule lumineuse se forme. Prononcez tout haut le nom divin Jehovah Elohim *(Yah-hoh-vah-Éh-loh-hîm)*, et voyez l'éclat de cette lumière s'intensifier. Répétez ce mantra de cinq à dix fois.

5. Visualisez un rayon de lumière en train de se détacher de cette boule et qui s'arrête au niveau de votre cœur, où

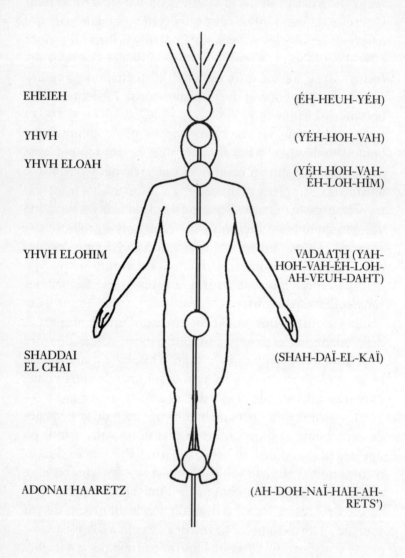

EHEIEH

(ÉH-HEUH-YÉH)

YHVH

(YÉH-HOH-VAH)

YHVH ELOAH

(YÉH-HOH-VAH-
ÉH-LOH-HÎM)

YHVH ELOHIM

VADAATH (YAH-
HOH-VAH-ÉH-LOH-
AH-VEUH-DAHT)

SHADDAI
EL CHAI

(SHAH-DAÏ-EL-KAÏ)

ADONAI HAARETZ

(AH-DOH-NAÏ-HAH-AH-
RETS')

une quatrième boule lumineuse se forme. Prononcez lentement le nom divin Yhvh ElOah VaDaath *(Yah-hoh-vah-Éh-loh-ah-Veuh-Daht)*, et sentez toute cette région de votre corps se remplir d'énergie. Répétez ce mantra de cinq à dix fois.

6. Faites une pause puis visualisez un rayon de lumière en train de se détacher de cette boule et qui s'arrête au niveau de votre pubis, où une cinquième boule lumineuse se forme. Prononcez lentement le nom divin Shaddai El Chai *(Shah-daï-El-Kaï)*, et voyez l'éclat de cette lumière s'intensifier.

7. Faites de nouveau une pause puis visualisez un rayon de lumière en train de se détacher de cette boule et s'arrêter au niveau de vos pieds, où une sixième boule lumineuse se forme cependant que le rayon se dirige jusqu'au centre de la terre. Prononcez lentement le nom divin Adonai HaAretz *(Ah-doh-naï-Hah-Ah-rets')*, et voyez la boule se remplir d'énergie pure.

8. Représentez-vous une colonne de lumière se dressant au milieu de votre être tout entier, depuis le ciel jusqu'à la terre. Vous venez d'activer vos centres d'énergie intérieurs; ceux-ci renforceront et protégeront votre aura tout en vous aidant à développer votre capacité de la voir. Faites à présent l'exercice de respiration rythmique et de visualisation décrit aux points 8, 9 et 10 de l'exercice de la colonne du milieu traditionnel (voir pages 134 et 135).

Chants et mantras destinés à renforcer l'aura

Mantras et chants religieux font partie des traditions ésotériques tant de l'Occident que de l'Orient. Ce sont de puissants outils qui aident à stimuler et à renforcer tout votre être. «Mantra» est un mot sanskrit dont la signification se rapproche de celle des mots «charme» et «incantation». Chants et mantras permettent de tirer parti du pouvoir des sons à des fins précises. On s'en servait autrefois pour modifier le champ d'énergie des individus dont on souhaitait accélérer la guérison ou l'évolution vers des niveaux supérieurs de conscience.

Les chants religieux et les mantras provoquent des modifications au niveau du corps, de l'esprit, des émotions et du psychisme. Les sons émis activent les énergies qui se trouvent tout autour et à l'intérieur de vous.

Leurs vibrations contribuent à purifier et à renouveler votre champ d'énergie, et ce pour l'une ou l'autre des quatre raisons suivantes: vous avez foi en leur pouvoir; vous accélérez les changements produits sur votre champ d'énergie en associant les sons à des idées précises; leur signification imprègne votre corps mental et laisse sa marque sur vos autres plans d'énergie; enfin, leur sonorité agit sur votre aura en la modifiant, indépendamment de leur sens.

Psalmodier contribue à libérer de l'énergie et donne toute sa puissance et son mystère au fait de réciter des mots et des sons mystiques. Le rythme est extrêmement important. Les mantras ont un effet puissant, mais il n'y a pas consensus quant à savoir combien de temps il faut les chanter avant que cet effet se produise. Comme pour tout le reste, il vous appartient de découvrir ce qui vous convient le mieux. Si vous chantez un même mantra pendant 10 à 15 minutes, cela devrait être suffisant pour vous permettre d'en ressentir les effets bénéfiques.

Les chants et les mantras sont faciles à utiliser. Choisissez un mantra et, si possible, familiarisez-vous avec sa signification. Optez pour un moment où vous ne serez pas dérangé et relaxez-vous. Commencez à chanter, en prononçant le mantra une syllabe après l'autre. Laissez-le suivre son propre rythme, un rythme qui vous convient.

Lorsque vous cesserez de chanter, vous devriez entendre l'écho du mantra dans votre esprit, ou encore un léger bourdonnement dans vos oreilles. Voilà autant de signes qui vous indiquent qu'un réel changement s'est produit au niveau de votre champ d'énergie. Mais ne vous tourmentez pas si vous n'éprouvez aucune de ces sensations. Cela ne signifie pas pour autant que le mantra en question n'a aucun effet sur vous, car ces renseignements ne vous sont donnés qu'à titre indicatif.

Pendant que vous écoutez l'écho du mantra dans votre esprit, méditez sur les énergies qui lui sont associées. Voyez-les s'animer à l'intérieur de votre champ d'énergie. Songez à la lumière et à l'énergie nouvelles qui se répandent à l'intérieur et tout autour de vous. Visualisez votre aura en train de vibrer toujours davantage chaque fois qu'elle entre en contact avec les autres.

EXEMPLES DE MANTRAS
1. OM

Le Om est considéré comme le plus puissant de tous les mantras. Il correspond au mot hébreu «Amen» et au Logos, un des noms de la divinité suprême. En sanskrit, le mot *Om* désigne l'étincelle de vie elle-même, cette parcelle divine retenue captive dans le monde physique.

Beaucoup sont d'avis qu'il existe des centaines de manières de prononcer et de psalmodier ce mantra, chacune ayant un effet différent sur l'aura. Lorsque vous prolongez la voyelle «O», vous influez sur votre champ d'énergie et sur celui des autres. Mais si vous choisissez d'accentuer la consonne «M» (comme lorsque vous fredonnez), l'effet obtenu est davantage intériorisé.

Il importe, lorsque vous chantez le mantra Om, de vous élever en esprit au-dessus des contraintes matérielles. Imaginez que les barrières que constituent vos pensées étroites et stériles sont battues en brèche. Voyez votre champ d'énergie en train de se débarrasser des débris énergétiques qui s'y sont accumulés. La vibration Om favorise le contact avec le divin et constitue par conséquent l'outil idéal pour affranchir les énergies emprisonnées au fond de vous. Elle possède un pouvoir purificateur, créateur et libérateur; en donnant naissance au nouveau, elle vous permet de progresser vers des niveaux supérieurs d'énergie.

Parce qu'il a pour effet de mobiliser toutes vos énergies, ce mantra fortifie et stabilise votre champ d'énergie. Il har-

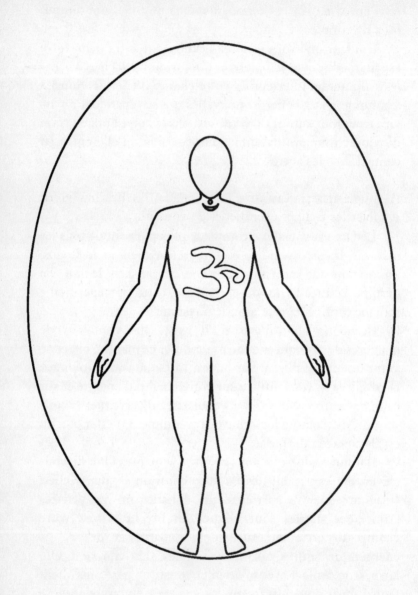

RENFORCEMENT DE L'AURA À L'AIDE DU MANTRA *OM*

monise les particules de vos différents corps subtils qui sont tous sensibles à cette vibration. Une fois cette harmonisation effectuée, il vous est plus facile de recouvrer la santé et de savourer pleinement les bienfaits de la méditation.

La vibration Aum *(Ah-oh-mm)* — qui constitue une des nombreuses variantes du mantra Om — vous aide à mieux voir l'aura et à mieux cristalliser vos pensées. Elle signifie que vos énergies sont au maximum de leurs capacités et ne cessent de se développer. C'est comme si vous affirmiez au plus profond de vous-même: «Qu'il en soit ainsi!» Le son Aum permet par ailleurs de colmater les brèches et de combler les lacunes éventuelles de votre aura.

Un excellent exercice consiste à imaginer que le mot sanskrit symbolisant le mantra Om apparaît au niveau de votre torse pendant que vous chantez (voir illustration à la page précédente).

Voyez tout d'abord le symbole se former sur votre poitrine. Puis, tout en inspirant, prononcez silencieusement le son Om dans votre esprit et sentez le symbole vibrer de plus en plus intensément. Pendant que vous expirez, chantez ce mantra de manière audible. Voyez le symbole émettre des courants d'énergie pure et sentez que ceux-ci alimentent et renforcent votre champ d'énergie tout entier. Poursuivez cet exercice pendant 10 à 15 minutes. Vous devriez être en mesure de constater que vos réserves d'énergie ont augmenté et que votre aura est moins sensible aux influences extérieures.

2. Om mani padme hum
(Ohm-mah-nî-pod-mé-houm)

Ce mantra se traduit littéralement par «le joyau à l'intérieur du lotus». Il s'agit d'un des mantras les plus populaires et qui comporte de nombreuses significations. La tradition veut qu'il constitue un lien avec la déesse chinoise Kwan Yin.

Kwan Yin est aux Orientaux ce que la Vierge Marie est aux Occidentaux. Elle assure la protection et la guérison des enfants. Selon la légende, le jour où elle reçut l'illumination et commença à s'élever au-dessus du plan terrestre, elle entendit le cri d'un être humain et choisit de rester sur terre afin d'aider l'humanité. Elle est la déesse chinoise des enfants et de la miséricorde. L'histoire raconte également qu'elle est capable de neutraliser toute forme de violence dirigée contre quelqu'un et qu'elle peut même défier des hordes de démons sans jamais être atteinte ou blessée par leurs maléfices.

Ce mantra agit à l'intérieur de l'aura comme une force protectrice. En plus de contribuer à accroître vos réserves d'énergie, il vous aidera à empêcher les autres d'y puiser de manière inconsidérée ou d'abuser de vous. Il est recommandé de le chanter avant d'affronter des situations difficiles ou de vous retrouver dans un lieu où les tensions risquent d'être vives. Il renforce l'aura au point où il devient impossible pour les autres de faire intrusion dans votre vie, que ce soit physiquement ou autrement.

Les six syllabes de ce mantra réveillent des énergies qui transformeront les débris accumulés dans votre aura en une force nouvelle. En plus d'avoir un effet stabilisateur au niveau des émotions, elles aident à la guérison du corps.

Om: cette syllabe renferme tous les sons et l'existence tout entière. Elle sonne le ralliement des forces. En faisant résonner cette partie du mantra, vous établissez un lien entre votre champ d'énergie et celui de Kwan Yin.

Mani: ce mot signifie littéralement «joyau». Il correspond à une sorte d'abstraction que ne peuvent affecter ni le mal et ni le changement. Il représente les valeurs les plus pures auxquelles puisse aspirer l'esprit humain et il symbolise l'illumination parée des vertus de la compassion et de l'amour. Tout comme un joyau est en mesure d'effacer toute trace de pauvreté, cette partie du mantra contribue à expulser de votre aura toute énergie discordante.

Padme: se traduit littéralement par «lotus». Ce mot symbolise le développement spirituel et le réveil des énergies subtiles qui sommeillent dans votre aura. Sa vibration permet de débarrasser votre aura des débris énergétiques susceptibles de l'obstruer. Elle vous aide à voir clair en vous et à identifier les circonstances qui ont mené à leur accumulation. Elle rétablit l'harmonie à l'intérieur de votre aura.

Hum: il n'existe pas de traduction véritable pour ce son. Alors que la vibration Om représentait la multitude infinie des sonorités présentes en vous et dans l'univers, le son Hum correspond au fini à l'intérieur de l'infini. Il représente tout le potentiel de votre champ d'énergie. Il développe votre sensibilité aux énergies qui vous entourent et vous rend plus conscient de la manière dont ces énergies vous affectent. Il stimule votre perception de l'aura et y fait régner l'harmonie, de sorte qu'il vous sera plus facile de concevoir tout votre être comme un système énergétique complexe.

Relaxez-vous comme vous l'avez fait pour le premier mantra. Puis, tout en inspirant, prononcez silencieusement le mantra dans votre esprit. Pendant que vous expirez, chantez-le de manière audible, en prononçant bien chaque syllabe l'une après l'autre. Trouvez votre propre rythme et laissez-le travailler pour vous. Ce mantra vous aidera à renforcer votre aura et à la protéger en toutes circonstances.

L'HABIT DE NOCES DORÉ

L'expression «habit de noces» provient de la tradition ésotérique chrétienne. Autrefois, les cérémonies initiatiques n'étaient pas ouvertes à tous, comme certains seraient tentés de le croire, mais uniquement à ceux qui répondaient à certains critères. C'est ce que nous enseigne la parabole des noces rapportée dans l'Évangile selon Matthieu, où un roi avait convié au mariage de son fils des invités qui devaient revêtir pour la circonstance un habit de noces doré (Matthieu 22,2-14). Ce vêtement correspond à l'aura et à l'âme de chaque individu, une fois qu'elles ont été purifiées.

Or, pour mener à bien cette entreprise de purification, il importe de sublimer les désirs des plans inférieurs, de consacrer sa vie au service des autres et d'éprouver un amour désintéressé pour toute créature vivante. Ce vêtement est constitué d'énergies aux couleurs bleu et or qui représentent respectivement l'aura et l'âme de l'individu. Lorsque l'aura et l'âme sont purifiées et fortifiées, elles permettent de devenir un *auxiliaire invisible,* capable d'utiliser son corps afin de rendre visite à des gens ou de se rendre à différents endroits, que ce soit en état de veille ou pendant le sommeil.

Pour que votre aura atteigne un tel niveau de pureté vibratoire, il faut que vos chakras soient éveillés et purifiés. Nous avons abordé cette question au chapitre 2, où nous avons décrit les chakras comme des centres d'énergie situés à certains endroits du corps. En Orient, on les représente sous la forme de fleurs de lotus. Dans la tradition ésotérique chrétienne, ils sont souvent symbolisés par des roses de lumière. Lorsque ces roses canalisent l'énergie purifiée vers l'intérieur du corps et autour de celui-ci, l'aura devient comme un habit de noces doré.

Le puissant exercice de méditation qui suit vise à activer 12 de ces centres d'énergie. La tradition veut que l'on concentre son attention sur sept chakras seulement, mais il est plus stimulant et harmonisant pour l'aura d'activer les 12 centres d'énergie décrits ci-après. Ceux-ci existent chez chaque personne à l'état latent. Mais une fois activés et pleinement fonctionnels, ils deviennent 12 corps de lumière glorieux qui enflamment l'aura d'un rayonnement doré (voir illustration à la page suivante).

Ces 12 roses de lumière ont une haute valeur symbolique. Il y avait autrefois énormément de symbolisme rattaché au chiffre 12, les 12 signes du zodiaque en étant la manifestation la plus évidente.

Les roses de lumière situées au niveau de vos pieds croîtront dans la mesure où vous consacrerez votre vie au service des autres et où vous suivrez les traces des grands maîtres anciens en faisant inlassablement du bien aux autres.

La prière et la méditation contribueront à la croissance des roses de lumière situées au niveau de vos genoux dans la

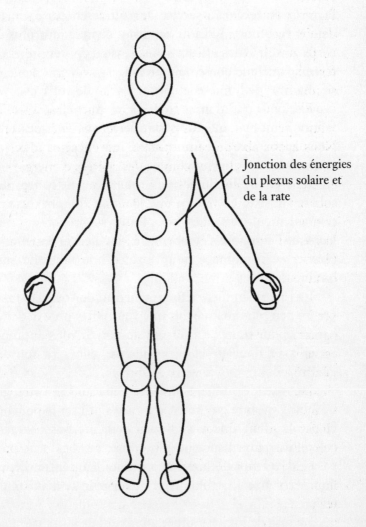

Jonction des énergies
du plexus solaire et
de la rate

LES 12 CHAKRAS DE L'INITIÉ MODERNE
Ces 12 lumières se trouvent à l'état latent à l'intérieur de chacun. Lorsque ces 12 centres d'énergie sont activés et pleinement
fonctionnels, ils deviennent les 12 lumières glorieuses du corps! **147**

mesure où vous saurez faire de l'humilité un élément essentiel de votre vie. Les roses de lumière situées au niveau de vos mains se développeront dans la mesure où vous consacrerez votre vie au service des autres et leur apporterez aide et réconfort. Elles deviendront chaque jour plus éclatantes si vous vous efforcez sans cesse d'apprendre et d'accomplir quelque chose de nouveau.

La rose de lumière située au niveau de votre coccyx — là où, selon la tradition, se trouve le premier chakra — s'épanouira à mesure que vous purifierez vos énergies et que vous apprendrez à transmuter les énergies des plans inférieurs.

La rose de lumière située au niveau de votre plexus solaire consiste en fait en une jonction des chakras traditionnellement rattachés au plexus solaire et à la rate. Lorsque l'équilibre s'établit entre l'intellect et les émotions, ceux-ci se combinent pour former une nouvelle source lumineuse.

La rose de lumière située au niveau de votre cœur s'ouvre un peu plus chaque fois que vous faites preuve de compassion pour toutes les formes de vie. Si vous apprenez à aimer avec douceur et bienveillance, elle sera source de guérison pour vous et votre entourage.

La rose de lumière située au niveau de votre gorge s'éveille à mesure que vous apprenez à utiliser le pouvoir de la parole. Tant que vos propos demeureront chargés de colère, de malveillance ou d'hostilité, ce chakra ne pourra pas se développer à sa pleine capacité. Ce centre d'énergie doit permettre à la volonté de s'exprimer de manière créatrice.

La rose de lumière située au niveau de votre front commence à éclore lorsque vous parvenez à établir l'équilibre entre votre raison et vos perceptions intuitives. Votre champ d'énergie brillera de tout son éclat au fur et à mesure que vous ferez confiance à votre vision intérieure et que vous développerez ces vertus féminines innées que sont le dévouement, l'imagination et l'intuition.

La rose de lumière située au sommet de votre crâne est le siège des énergies masculines. Ce centre d'énergie rayonnera davantage à mesure que vous vous imprégnerez des énergies féminines de la dévotion et de l'illumination et que vous les laisserez agir dans votre vie de tous les jours.

L'exercice de méditation qui suit vous permettra d'éveiller ces centres d'énergie et de rendre votre aura plus rayonnante. Il sera d'autant plus efficace que vous le ferez régulièrement, soit au moins une fois par mois. Avant de commencer, assurez-vous que vous ne serez pas dérangé. Débranchez le téléphone et installez-vous confortablement. Commencez par vous détendre progressivement en envoyant des pensées chargées d'amour et de bienveillance aux différentes parties de votre corps. Pour vous aider, faites un exercice de respiration lente et rythmique. Respirez profondément et détendez-vous. Pendant que vous vous relaxez, laissez vos énergies se réunir autour de vous. Imaginez que quelqu'un vient tout juste de placer un vieux châle confortable autour de vos épaules. Sentez-vous au chaud, en sécurité et en paix.

Lorsque vous serez pleinement détendu, visualisez-vous en haut d'une cage d'escalier. Vous apercevez une douce et faible lueur qui attire votre regard vers le bas et vous invite à descendre. À chaque pas, vous vous relaxez de plus en plus profondément et vous sentez de moins en moins votre poids. Une fois parvenu au milieu de l'escalier, vous êtes si léger que vos pieds effleurent à peine les marches. Continuez de descendre et d'éprouver un état merveilleux de bien-être. Vous aviez oublié à quel point il fait bon se détendre et se laisser simplement flotter!

Une fois au pied de l'escalier, vous remarquez que vous êtes dans une petite pièce circulaire au centre de laquelle se trouve une grande psyché richement décorée. La douce lueur qui vous a guidé jusqu'en bas de l'escalier se trouve à présent tout juste au-dessus du miroir. Vous quittez la cage de l'escalier et venez vous placer devant la glace. Au début, aucun reflet n'y est visible mais, en y regardant bien, vous

149

apercevez comme une légère vibration, puis votre propre image vous apparaît.

Vous êtes nu et votre silhouette est parfaite. Vous avez sous les yeux votre moi intérieur véritable. Il vous réchauffe le cœur et panse toutes vos plaies. Vous prenez soudain conscience que vous aviez presque oublié à quel point vous êtes un être merveilleux.

Continuez de regarder dans le miroir et voyez à présent deux boutons de rose apparaître tout juste au-dessus de vos pieds. Ils sont soyeux et magnifiques et commencent à déployer leurs pétales l'un après l'autre. Pendant que vous vous imprégnez de cette image, repensez à tous les pas que vous avez dû faire dans votre vie pour en arriver où vous en êtes aujourd'hui. Souvenez-vous des fois où vous avez pris la mauvaise direction aussi bien que des fois où vous avez pu avancer sans heurts. Revoyez également les fois où certaines personnes vous ont aidé à progresser. Un sentier lumineux se trouve à présent devant vous; il symbolise votre avenir rempli de promesses.

Voyez ensuite deux roses éclore au niveau de vos genoux. Elles sont tout aussi soyeuses et magnifiques que celles qui se trouvent sur vos pieds. Pendant que leurs pétales s'ouvrent sous vos yeux, souvenez-vous des fois où les autres se sont penchés pour vous venir en aide. Rappelez-vous les fois où vous êtes tombé et où vous avez dû vous relever. Revoyez également les fois où vous avez aidé les autres à se relever.

Voyez maintenant deux roses apparaître à l'intérieur des paumes de votre main. Douces au toucher et débordantes d'énergie, elles déploient également leurs pétales l'un après l'autre. Pendant ce temps, des images de votre passé vous reviennent à l'esprit. Souvenez-vous des fois où les autres ont pu lever la main sur vous parce qu'ils étaient en colère, mais rappelez-vous également les fois où une main caressante a essuyé vos larmes. Voyez par ailleurs les fois où les autres vous ont tendu la main en guise d'amitié ou dans le but de vous venir en aide, et revoyez les fois où vous en avez fait autant.

Songez aux gens de votre entourage que votre main comble de bonheur lorsque vous leur caressez doucement la joue.

Voyez ensuite une rose éclore au niveau de votre pubis. Pendant qu'elle s'ouvre sous vos yeux, repensez aux problèmes que vous avez réglés dans votre vie. Voyez les changements salutaires que vous avez effectués au fil des ans, de même que les difficultés qu'il vous reste encore à aplanir.

Une nouvelle rose apparaît maintenant tout juste sous votre plexus solaire. Pendant que ses pétales s'ouvrent sous vos yeux, souvenez-vous de toutes les fois où vous n'avez pu maîtriser vos émotions. Rappelez-vous également les fois où vous avez été incapable de les exprimer. Songez par ailleurs aux fois où vous avez réagi aux événements en assumant vos responsabilités et en passant à l'action. Revoyez les fois où vous avez réussi à convaincre les autres de poser des actions constructives qui ont eu des effets bénéfiques sur leur vie.

Une rose apparaît ensuite au niveau de votre cœur. Pendant qu'elle éclot, souvenez-vous de toutes les fois où vos élans d'amour n'ont pas porté fruit. Rappelez-vous également les fois où cet amour était réciproque. Ressentez l'amour des êtres qui vous sont chers et voyez comment, en augmentant votre capacité d'aimer, vous pourrez à l'avenir faire du bien autour de vous.

Une dixième rose apparaît maintenant au niveau de votre gorge et ouvre ses pétales l'un après l'autre. Pendant qu'elle éclot, rappelez-vous les fois où l'on vous a dit des paroles blessantes ou décourageantes. Souvenez-vous également des fois où vous avez pu lancer aux autres des paroles offensantes ou démoralisantes, ou tenir des propos désobligeants à leur égard. Songez aux fois où des personnes sont parvenues, grâce à leurs paroles, à vous stimuler, à vous enthousiasmer, à vous encourager et à vous raffermir. Voyez par ailleurs les gens de votre entourage à qui un petit mot d'encouragement ferait du bien. Promettez-vous de leur adresser prochainement la parole.

Une onzième rose se forme au niveau de votre front. Pendant qu'elle éclot, rappelez-vous tous les rêves que vous aviez en grandissant. Souvenez-vous des fois où vous avez négligé de les entretenir. Revoyez les fois où vous avez refusé de suivre le chemin que votre esprit inventif vous indiquait. Voyez à présent ceux de vos rêves qui commencent à devenir réalité et qui fouettent votre imagination. Souvenez-vous qu'avec chaque espoir, chaque désir et chaque rêve vous est fourni le moyen de le réaliser et que seul votre esprit de compromis vous empêche d'y parvenir.

Pendant qu'éclot la dernière rose située au sommet de votre crâne, vous contemplez tout ce qu'il vous suffit d'accomplir pour transformer vos rêves en réalité. Voyez l'avenir rempli de promesses qui vous attend si seulement vous consentez à canaliser vos énergies dans cette direction. Cette rose symbolise la réalisation pleine et entière de votre vie.

À présent que les 12 roses ont fini de déployer leurs pétales, voyez-les briller d'un éclat nouveau et rayonner d'énergie. Une lueur dorée vous enveloppe peu à peu, comme si on plaçait un vêtement lumineux sur votre corps. Pendant que cet habit resplendissant de lumière et de santé couvre progressivement votre aura tout entière, dites mentalement une prière de reconnaissance pour avoir ainsi eu accès à l'essence véritable de votre être.

Tandis que le reflet dans la glace disparaît peu à peu, jurez-vous de veiller à l'entretien de ces 12 roses. Ressentez encore l'effet sur vous de ces roses chargées de lumière et d'énergie et prenez conscience que ce manteau doré et lumineux qui vous enveloppe se situe à l'intérieur même de votre aura.

Conservez cette impression et, pendant que vous vous dirigez vers la cage de l'escalier et que vous montez les marches qui vous ramènent progressivement à votre niveau de conscience habituel, emportez précieusement avec vous le souvenir de ces 12 roses de lumière et de cet habit de noces doré, promesses d'un avenir merveilleux.

Il existe plusieurs façons de se familiariser avec les énergies subtiles de la vie. En apprenant à voir l'aura, non seulement vous ferez tomber les barrières du passé qui nuisent à votre évolution, mais vous augmenterez également votre sensibilité. Vous ferez ainsi le pont entre le monde physique et le domaine métaphysique. À mesure que vous développerez votre capacité de voir et de ressentir la vie jusque dans ses aspects les plus imperceptibles, vous en retirerez de nombreux autres avantages. Votre intuition s'affinera et vous retrouverez la joie de l'enfant qui s'émerveille devant la vie. Chaque jour deviendra pour vous une nouvelle aventure et une nouvelle bénédiction!

TABLE DES MATIÈRES